U0680618

有效激励员工的70个场景案例

图解版

任康磊 著

人民邮电出版社

北京

图书在版编目（CIP）数据

有效激励员工的70个场景案例：图解版 / 任康磊著
. — 北京 ：人民邮电出版社，2020.7（2024.1重印）
ISBN 978-7-115-50697-9

Ⅰ．①有… Ⅱ．①任… Ⅲ．①企业管理－人事管理－
激励－图解 Ⅳ．①F272.92-64

中国版本图书馆CIP数据核字（2020）第048865号

内 容 提 要

好人才需要用心激励。如何让员工感受到生存的意义，积极工作，并帮助企业不断获利，成为每一个管理者始终关注的问题。本书从员工激励的工具展开叙述，以实际场景和应对策略为背景，介绍管理者在实施员工激励的过程中经常遇到的问题，并提供如何有效激励员工快速成长的解决方案。

本书分为3个部分，共10章，主要内容包括对员工实施精神激励的方法、对员工实施物质激励的方法、对员工实施正负激励的方法、帮助员工实现自我激励的方法、如何管理员工的成败体验、如何管理员工的能力、如何对员工实施绩效辅导、如何运用组织资源、如何运用环境资源、如何运用管理资源。

本书采取场景案例全图解的形式，工具和方法丰富，通俗易懂，贴近实际，适合企业管理者、管理咨询师、人力资源管理从业人员、管理类相关专业在校生以及其他想学习员工激励方法的人员阅读。

◆ 著　　　　任康磊
　　责任编辑　郭　媛
　　责任印制　周昇亮

◆ 人民邮电出版社出版发行　　北京市丰台区成寿寺路 11 号
　　邮编　100164　电子邮件　315@ptpress.com.cn
　　网址　https://www.ptpress.com.cn
　　固安县铭成印刷有限公司印刷

◆ 开本：700×1000　1/16
　　印张：17　　　　　　　　　2020 年 7 月第 1 版
　　字数：302 千字　　　　　　2024 年 1 月河北第 18 次印刷

定价：69.80 元

读者服务热线：(010)81055296　印装质量热线：(010)81055316
反盗版热线：(010)81055315
广告经营许可证：京东市监广登字 20170147 号

很多朋友问过笔者一些类似的问题："为什么我学了那么多管理知识，知道了那么多员工激励理论，却发现自己还是做不好员工激励呢？"

笔者的回答是："因为你只是从微观角度做员工激励，而没有从宏观角度看待员工激励。"

这就好比很多人的孩子学习成绩差，应怎样提高孩子的学习成绩呢？

从微观角度来说，应先找到孩子成绩差的科目，聚焦孩子没学会的知识点，然后让孩子对这些知识点加强学习，这样孩子的学习成绩就会显著提高。很多书上是这样教的，很多人也是这样做的，可孩子的学习成绩依然没有提高。

为什么呢？

因为从宏观角度来说，孩子学习成绩差可能有很多其他的原因，例如：

（1）孩子不愿意学习，不知道学习的意义，不知道学习对自己的价值；

（2）家长给孩子提供的环境不适合孩子成长，孩子在这个环境中很痛苦；

（3）家长起不到榜样的作用，只一味地要求孩子进步，这样反而会引起孩子的反感；

（4）孩子没有掌握学习的方法，学习时只会死记硬背，不懂理解记忆，学习效率很低；

（5）孩子想补充自己的知识弱项时，没有人能给他充分的指导。

如果把解决孩子学习成绩差的方法从微观视角转移为宏观视角，我们会发现要提高孩子的学习成绩，并不是简单的"查漏补缺"，而是家长首先要改变观念、改变环境、改变方法、改变工具、改变资源。

员工激励也是同样的道理。管理者如果只实施微观的员工激励，那么这些措施通常是无效的。

有的员工激励方法只是一时的激励，不具备长久的激励效果。有人说，批评员工时要先表扬他，表扬了之后再批评。短时间内可以使用这种方法，但时间长了，员工发现这个套路之后，反而会觉得厌烦，甚至觉得自己被愚弄，不再相信管理者说的其他话。

有的员工激励方法只是个体的激励，没有形成对群体的激励效果。有人说，让员工升职能激励他。可公司的职位是有限的，一个员工升职后，其他优秀的员工怎么成长？假如这个员工不想承担更多责任，不想晋升职位怎么办？

有的员工激励方法只是单方面的激励，没从全局视角把握设计。有人说，给员工涨工资能激励他。可是如果只给一个员工涨工资，其他员工都不涨工资，其他员工会怎么想？如果所有员工都涨了工资，那涨工资这种方法对原来的那个员工还有激励效果吗？

员工激励的对象是人。既然对象是人，就会存在很大的变数。人生活在群体里，生活在环境下，生活在资源中。有效的员工激励不仅是一时的激励，还应是长久的激励；不仅是个体的激励，还应是群体的激励；不仅是单方面的激励，还应是全面的激励。

针对很多管理者做不好员工激励的问题，笔者以亚伯拉罕·哈罗德·马斯洛（Abraham Harold Maslow）在 1943 年提出的需求层次理论、弗雷德里克·赫茨伯格（Fredrick Herzberg）在 1959 年提出的双因素激励理论、维克托·弗鲁姆（Victor H. Vroom）在 1964 年提出的期望理论、约翰·斯塔希·亚当斯（John Stacey Adams）在 1965 年提出的公平理论、爱德华·劳勒（Edward E. Lawler）和莱曼·波特（Lyman Porter）在 1968 年提出的综合激励理论为理论基础，以多年的实践经验为依据，总结出了员工激励的工具。

这个员工激励工具实际上是一套关于员工激励的方法论。这套方法论实现了从宏观到微观、从全局到个体、从资源到环境的全面员工激励。笔者把这套方法论的具体应用方法总结在本书中，并在本书中介绍 100 多种与员工激励相关的方法或工具。

为便于读者快速阅读、理解、记忆并应用，本书对问题场景、实用工具的介绍和对工作相关的应用解析全部采用图解的形式。

祝读者朋友们能够学以致用，更好地学习和工作。

本书若有不足之处，欢迎读者朋友们批评指正。

本书内容及体系结构

本书包含公司在实施员工激励管理过程中经常遇到的问题、用到的工具和应用的方法。

PART1　预期的价值

员工激励工具的第一个角。预期的价值，是员工对未来的行为结果给自己带来价值的预期。要改变这种预期，管理者可以从对员工实施必要的精神激励、物质激励、正负激励和帮助员工实现自我激励 4 个维度入手，提高员工对行为结果预期的价值。

第 1 章　精神激励

本章主要介绍为了体现员工激励的个体差异，如何考虑不同员工的需求，如何区别员工所处的职业阶段，如何区分员工的认知水平；为了和员工建立情感连接，如何表达对员工的尊重，如何关爱员工，如何与员工建立信任；为了对不同的员工采取不同的领导方式，如何实施引导，如何让员工充分参与，如何有效实施员工授权。

第 2 章　物质激励

本章主要介绍员工激励中的短期物质激励，包括固定工资设计、津贴设计和奖金设计；中期物质激励，包括绩效奖金和年薪设计；长期物质激励，包括福利设计、股权激励和合伙人制度。

第 3 章　正负激励

本章主要介绍管理者实施正面反馈的方法，包括赞美员工优势的方法、表扬员工行为的方法和即时奖励的方法；管理者实施负面反馈的方法，包括挫折激励的方法、批评问题的方法和合理惩戒的方法。

第 4 章　自我激励

本章主要介绍促使员工职业发展的方法，包括内部晋升的运营、员工晋升发展的方法、员工职业规划的方法；对员工实施目标激励的方法，包括如何培养员工的目标意识、如何制订目标、如何让工作目标与员工利益相关。

PART2　实现的概率

员工激励工具的第二个角。实现的概率，是员工根据过去的经验，判断自己做出行为后达到预期目标的可能性。要提高员工对行为达到预期目标的概率，可以通过给员工创造更多的成败体验，对员工实施能力管理和绩效辅导来实现。

第 5 章　成败体验

本章主要介绍如何管理员工的心态，包括如何让员工养成乐观思维、如何管理员工的预期；如何通过竞争对员工产生激励，包括如何通过压力激励员工、如何通过比较激励员工、如何用危机来激励员工；如何用荣誉激励员工，包括如何通过榜样的力量激励员工、如何创造荣誉、如何分享荣誉。

第 6 章　能力管理

本章主要介绍如何在用人的环节实现人才匹配，包括如何实现人岗匹配、如何构建人才画像；如何激发员工主动学习的动机，包括如何找到激发员工学习的动力、如何根据员工的学习特点安排学习、如何选择适合的学习方法；如何培养员工的能力，包括如何培养管理岗位员工的能力、如何培养营销岗位员工的能力、如何培养技术岗位员工的能力。

第 7 章　绩效辅导

本章主要介绍如何培养管理者绩效辅导的意识，包括绩效辅导的价值和绩效辅导过程中管理者和员工的角色分工；实施绩效辅导的技巧，包括绩效辅导中的沟通、绩效辅导中的行动；如何实施绩效监控，包括绩效辅导过程的监控、公司层面实施绩效辅导检查的方法。

PART3　可用的资源

员工激励工具的第三个角。可用的资源，指的是员工从产生行为到得到行为结果的过程中，可能获得的资源支持，以及可能存在的资源障碍。可用的资源很容易被管理者忽略，他们认为这和员工激励无关。实际上，公司内部、外部一切影响员工的资源，都会对员工激励的实施产生较大的影响。常见的可用资源包括组织资源、环境资源和管理资源。

第 8 章　组织资源

本章主要介绍如何通过组织发展做好集体的员工激励，包括如何做组织诊断、如何实施组织优化；如何通过工具资源促进集体的员工激励，包括如何设计标准工序、如何总结经验工具、如何制订标准化流程；如何为员工提供各类学习资源，包括如何提供讲师资源、如何提供课程资源。

第 9 章　环境资源

本章主要介绍如何通过文化激励做好集体的员工激励，包括如何选择适合的文化形象、如何进行公司文化建设、如何进行文化传播；如何营造工作氛围，包括如何为员工创造安全感、如何让员工感受工作的快乐、如何培养员工的工作兴趣。

第 10 章　管理资源

本章主要介绍如何运用和开发人力资源，包括如何实施人才盘点、如何进行人才梯队建设、如何做好人才保留；如何运用和开发财务资源，包括如何编制财务预算、如何管控公司成本、如何提高公司的投资回报率。

本书读者对象

企业各级管理者

各类团队管理者

创业者

管理咨询师

人力资源管理从业人员

管理类相关专业在校生

其他想学习员工激励方法的人员

我发现公司很多员工没有激情，缺乏动力，而且离职率居高不下，有什么方法可以改变这种情况？

智天公司创始人
张帅　　任康磊

你公司现在有哪些员工激励的方式呢？

员工激励？那是什么？我们公司会定期给员工涨工资、发奖金，还会给员工发福利。

这些是员工激励最传统的方式。也许，你公司出现的员工问题正是因为你和其他管理者采取的员工激励方式太单一了。

你可以帮我们看一下问题出在哪儿吗？帮我们出出主意，改善现状。

可以。要做好员工激励，可以用到我这里的一个管理工具，就叫它员工激励的"任三角"吧。

背景介绍

智天公司（化名）是一家创业公司，当公司发展到300人的规模时，管理遇到了瓶颈，公司发展速度比之前放缓了许多，业绩也开始出现问题。智天公司创始人张帅（化名）发现公司在员工管理方面问题较大。大部分员工过于"按部就班"，没有创业公司员工该有的精神面貌和工作状态，出现这个问题的原因在于公司整体的员工激励没有做好。只靠个别"明星员工"的努力已经不能推动公司快速发展，公司需要通过做好员工激励，让全员"动起来"，只有这样才能让公司继续稳定地快速发展。

工具介绍

员工激励的"任三角"

所谓员工激励，就是公司期望通过某种方式，让员工产生某种行为。员工产生某种行为的根源是员工具备某种行为动机。员工是否产生行为动机，与 3 个方面有关，分别是预期的价值、实现的概率和可用的资源。公司要做好员工激励，需要管理者从这 3 个方面入手。

员工激励的"任三角"

行为动机是员工产生某种行为的原因，也是员工激励能够达到预期效果的原因。

管理者要想激励员工产生某种行为，那么首先要激励员工产生某种行为动机。

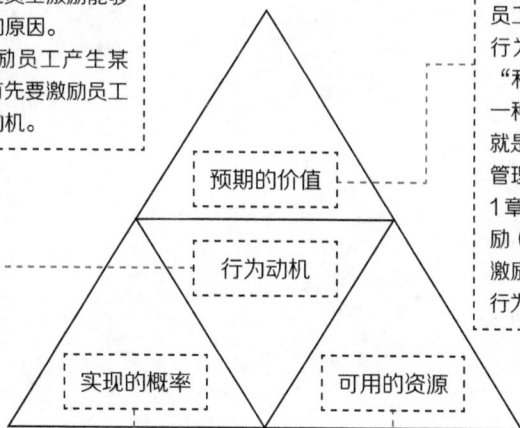

员工行为结果可能为个体或群体带来的价值。这里的价值可能是正向的，也可能是负向的。

员工在主动产生某种行为之前，判断该行为产生的结果可能会给自己带来的"利"，以及可能带来的"弊"，它是一种对未来结果的利弊预期。简言之，就是行为结果对员工来说"有多大好处"。

管理者对员工实施必要的精神激励（第 1 章）、物质激励（第 2 章）、正负激励（第 3 章），以及帮助员工实现自我激励（第 4 章），都有助于提高员工对行为结果预期的价值。

- 预期的价值
- 行为动机
- 实现的概率
- 可用的资源

员工根据过去的经验，判断自己做出某种行为后达到预期目标的可能性。

它是员工在主动产生某种行为前，对该行为产生的结果能否达到令人满意的预期效果的概率判断，是一种对未来结果的预判。

管理者通过帮助员工建立成败体验（第 5 章），通过公司层面的能力管理（第 6 章）和绩效辅导（第 7 章），改善员工对行为结果实现的概率判断。

员工从产生行为到得到行为结果的过程中，自己可以获得的资源支持，以及可能存在的资源障碍。这里的资源，包括人力、物力、财力、工具等一切员工可支配的资源。

管理者通过合理设计、运用和建设组织资源（第 8 章）、环境资源（第 9 章）、管理资源（第 10 章），增加员工可用的资源。

如果把员工激励比作植物生长，预期的价值就像土壤，实现的概率就像水分，可用的资源就像空气。肥沃的土壤、充足的水分、适宜的空气是植物生长、结果的必备条件。当这些条件都具备时，公司才能做出有效的员工激励。

PART1　预期的价值

第 1 章　精神激励

第 2 章　物质激励

第 3 章　正负激励

第 4 章　自我激励

PART2　实现的概率

第 5 章　成败体验

第 6 章　能力管理

第 7 章　绩效辅导

PART3 可用的资源

第 8 章 组织资源

第 9 章 环境资源

有效激励员工的 70 个场景案例（图解版）

第 10 章　管理资源

PART *1*

预期的价值

　　预期的价值，是员工对未来的行为结果给自己带来价值的预期。要改变这种预期，管理者可以从对员工实施必要的精神激励、物质激励、正负激励和帮助员工实现自我激励 4 个维度入手，提高员工对行为结果预期的价值。

第 1 章　精神激励

难道涨工资和发奖金对员工来说没有激励效果吗？

不能说这 2 种方式没效果。涨工资和发奖金属于物质激励，与之对应的，还有精神激励。

确实，包括我在内，公司的管理者似乎都太重视物质激励，忽略了对员工的精神激励。

物质激励固然重要，但如果只有物质激励，没有精神激励，那么是起不到员工激励效果的。

我们可以从如何区分员工个体差异，管理者与员工如何建立情感连接，以及如何根据员工差异实施不同的领导方式这 3 个维度来探讨。

那么，要怎么做好对员工的精神激励呢？

问题拆解

精神激励是一种无形激励，是让员工在精神上获得某种正面感受而实施的员工激励。每个人都希望自己被尊重、被认可、被重视。管理者对员工实施精神激励的成本更低，而且精神激励的效果往往大于物质激励的效果。

1.1 因人而异

对不同的员工而言，使用同样的激励手段，效果是不同的。这就是为什么管理者实施的某种员工激励方式，对有的员工效果显著，对有的员工效果一般，对有的员工甚至没效果。了解清楚员工个体之间的差异，不同个体的需求、不同个体所处的职业阶段以及不同个体的认知水平，有助于管理者判断不同员工对激励的敏感程度，有助于管理者更精准、更有效地实施激励。

1.1.1 个体需求：人们在追求什么

为什么我给有的员工涨工资、发奖金之后，他却无动于衷呢？

因为不同员工的需求是不同的，你没有满足这些员工当前最大的、最核心的需求，所以这种激励方式无效。

也就是说，我没有"对症下药"是吧？有的员工对涨工资、发奖金比较敏感，有的员工不敏感？

是的，你不能根据自己的判断来满足员工需求，你要主动了解员工的需求。

员工的需求都有哪些？可以参照马斯洛需求理论的5种需求吗？

可以用马斯洛需求理论这个工具，也可以用我总结的另一个工具，即个体需求3大底层感受。

听起来好像挺有意思，这个工具有什么含义，讲给我听听吧。

每个人都在追求3种底层感受，分别是安全感、存在感和满足感。正向增强员工当前最想要的感受，能够实现最佳的激励效果。

问题拆解

在商业模式中，公司应当找到用户的"痛点"（核心需求），根据用户的"痛点"来设计产品。在员工激励中，公司应当找到员工的"痛点"（核心需求），根据员工的"痛点"来实施激励。员工激励的效果，与员工的需求被满足之后，员工正向感受的强烈程度有关。员工的正向感受越强烈，激励效果越好。相反，如果不考虑员工的需求，则可能无法实现激励的效果。

📢 **工具介绍**

个体需求 3 大底层感受

每个人都在追求 3 种底层感受，分别是安全感、存在感和满足感。

人们对安全感的需求指的是人们在生理、物质、精神等方面避免危险发生的需求。

人们对存在感的需求指的是人们感受到自己能够影响或支配某些事物的需求。

人们对满足感的需求指的是人们在生理需要或心理需要方面获得满足体验的需求。

这 3 大底层感受，都会给人们带来良好的感觉，是人们无时无刻不在追求的。

个体需求 3 大底层感受

人们期望自己是安全的，这是人的动物性表现出来的最基本的底层心理需求。安全感也是一种能给人们带来确定性的感觉。一般情况下，物质生活、金钱财富、物理环境、亲情等都可能会给人们带来安全感。

满足感是人们获得某种满足或自身价值被他人认可之后，内心产生的积极感受。各类生理上、物质上、精神上的满足可能会提高人们的满足感。挫败感、失落感可能会降低人们的满足感。

安全感

我晋升成主管了！
我带领的团队获奖了！
我明天代表公司参加会议！
孩子考了第一名！

满足感

经理给我加薪了！
房贷终于还完了！
父母安康，孩子茁壮成长！
对新换的工作单位环境满意！

存在感

存在感是一种支配感，是人们认为自己在某种程度上拥有权力或自由的感觉。职位、职权、声誉、被认可、被需要、责任感、使命感等可能会提高人们的存在感。除此之外，某些带有仪式感的行为也能够让人们获得存在感。

被领导赞扬了！
收到了最爱的生日礼物！
潜心设计的作品获奖了！

常见满足个体需求 3 大底层感受的方法

如何获得安全感?

拥有长期稳定的工作!
拥有高薪酬、高福利的工作!
拥有幸福和睦的家庭!
完成上级交办的工作或目标!

如何获得存在感?

获得新鲜感!
获得某种奖励!
吃到某种食物!
证明自己比别人强!

如何获得满足感?

获得上级的授权!
获得上级的认可!
获得来自上级的帮助!

小贴士

不同个体对 3 大底层感受的需求偏向是不同的,有的人更期望获得安全感,有的人更期望获得存在感,有的人更期望获得满足感。因为人们对 3 大底层感受的理解和定义不同,所以在同一种感受中,正向增强感受的方式也是不同的。这种不同,与人们当前感到的满足情况有关,也与人们当前所处的情境有关。

1.1.2 职业阶段："屁股"决定着"脑袋"

员工的需求多种多样，有没有什么方法可以帮我找到员工的需求呢？

方法有很多，其中比较有效的一种方法是通过找到员工的**职业发展阶段**，来找到员工可能的需求。

员工的职业发展阶段是什么意思？

就是不同的员工，在相同的职业发展阶段，可能会展示出相同的需求，公司可以根据某一种共同的需求，来设计员工激励方案。

看来可以给员工归类，不同类别的员工，采取不同的激励方式。

比如，比较年轻的员工，职业发展正处于开始阶段，收入比较少，对于这类员工，物质激励更有效。可对于收入已经很高的员工，精神激励更有效。

原来是这样，这也是我一味涨工资而没有效果的原因。

涨工资本身没错，这一方式对一部分员工是有效果的，关键在于不能期望通过涨工资来激励所有员工。

问题拆解

再好的激励策略也不适合所有员工，所以公司采取同一种激励策略，往往没有好的激励效果。然而，如果根据每个员工的不同需求制定不同的激励策略，对于人数较多的公司而言，这一方法也不现实。员工所处的生命阶段和职业发展阶段决定了他们的主要需求，公司可以据此对员工分类，对不同类别的员工，采取不同的激励策略，从而达到更好的激励效果。

工具介绍

职业生涯的 4 个发展阶段

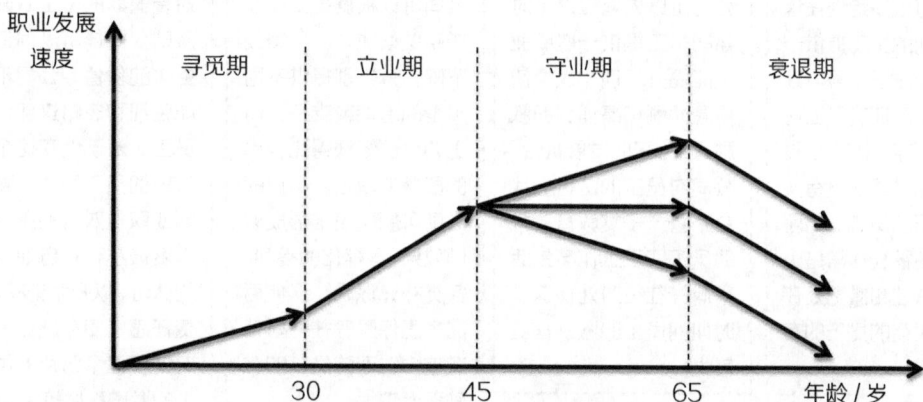

职业生涯，指的是一个人一生的工作经历所包括的一系列行为活动。一个人一生的职业生涯可以分成 4 个发展阶段，分别是寻觅期、立业期、守业期和衰退期。处在不同职业发展阶段的员工，有不同的特点和需求；处在相同阶段的员工，其需求有一定的相似性。公司可以根据这种相似性，设计更精准、更有针对性的员工激励策略。

职业生涯的 4 个发展阶段

| 寻觅期是人们事业的积累期，属于初期的职业生涯发展阶段。处在这一时期的人们的职业持续发展，但通常成长速度较慢。 | 立业期属于人生中期的职业生涯发展阶段。处在这一时期的人们的职业通常会得到比前一个时期更快速的发展。 | 守业期属于人生后期的职业生涯发展阶段。人们常说的"长江后浪推前浪"一般发生在这个时期。 | 衰退期属于人生末期的职业生涯引退阶段。处在这一时期的人们可以选择继续留在公司中，也可以主动选择退休，离开职场。 |

职业生涯 4 个发展阶段的通用特性

体检卡

寻觅期 | 立业期 | 守业期 | 衰退期

公司可以多给处在这个时期的员工提供一些职业生涯引导。处在这个时期的员工对薪酬的渴望程度较高，尤其是还没有买房结婚的员工。高薪酬、高福利通常是吸引、留住和激励处在这个时期的员工的有效方式。

公司可以为处在这个时期的员工提供一些职业技能提升培训，谨慎使用高薪酬和高福利的激励方式。职业发展机会、公司对员工的认可、社会荣誉、子女教育、帮助员工实现工作与生活平衡等往往对处在这个时期的员工的激励程度较大。

公司可以根据员工职业线路继续成长、平缓或下降，分类别提供不同类型的培训或支持。员工如果已经获得比较高的薪酬或职位，类似的激励可能比较难形成激励效果。多样化的福利、各类补充保险、退休后的多重保障等往往对处在这个时期的员工的激励程度较大。

对衰退期的员工做好激励，同样可以创造更大的价值，公司不能轻视和忽略这部分员工。对于处在这个时期的员工而言，薪酬或职位对其的激励程度最小；来自他人的认可，以及荣誉感、责任感、使命感往往对处在这个时期的员工的激励程度较大。

特性	寻觅期	立业期	守业期	衰退期
工作的主观能动性和积极性	最高	高到中	中（持续发展） 中到低（保持平稳） 低（开始下降）	高（留在职场） 低（离开职场）
薪酬激励作用	最高	高到中	中到低	低
精神激励作用	中	中	高	高

小贴士

随着年龄的增长、心智的成熟、生活的稳定、财务的压力变小以及对现状的接受，年龄越大的人越不愿意轻易改变职业。所以年龄越大的人，职业稳定性越高。一般来说，年龄越大的人、物质生活越丰富的人，薪酬对其的激励效果越小，但不代表没有效果，也不代表公司可以因此放弃薪酬激励这一方式，公司更不能在普涨工资时，因为涨工资对这部分人的激励效果小，就不给这部分人涨工资。

1.1.3 认知水平：知道的人不多

🔒 **问题场景**

为什么我有时候根据员工的需要，提供了对他有激励性的物质或精神激励，却还是没有效果呢？

因为员工对预期价值的判断，与他的**认知水平**有一定关系。

什么是认知水平？它和知识水平有关系吗？

认知水平和知识水平不同，认知水平是人们获得信息、加工信息、应用信息的能力。即使是对同一事物，人们的认知水平也存在比较大的差异。

也就是说，即使是有同样需求的两个人，对他们采取相同的激励方式，也会因为他们的认知水平不一样，形成的激励效果不一样？

没错。一般来说，认知水平越高的人，越容易被激励。对于认知水平低的人而言，公司实施激励措施之前，首先要提高他的认知水平。

认知水平可以分成几个阶段？如何判断员工的认知水平处在哪个阶段？

认知水平可以分成 4 个阶段，每个阶段都有其独有的特性，我们可以根据特性判断员工的认知水平所处的阶段。

问题拆解

本应有效的激励方式，对有的员工激励效果显著，对有的员工激励效果一般，甚至对有的员工没有激励效果。这与被激励员工的认知水平关系很大。认知水平较低的员工，对如何产生行为和预期的行为结果都没有概念，公司在这种情况下实施激励措施，形成的效果往往并不显著。

工具介绍

认知水平的 4 个阶段

人们的认知水平一般分成 4 个阶段。第 1 个阶段是"不知道自己不知道";第 2 个阶段是"知道自己不知道";第 3 个阶段是"知道自己知道";第 4 个阶段是"不知道自己知道"。这 4 个阶段是逐级递进的关系。一般来说,对于某个事物的认知水平处在第 1 个阶段的人最多,处在第 2 个阶段的人较多,处在第 3 个阶段的人较少,处在第 4 个阶段的人最少。

认知水平的 4 个阶段

不知道自己不知道

这是最低的认知水平。处在这个阶段的人,可能盲目自大、自以为是、愚昧无知。

知道自己不知道

这是认知水平的第 2 个阶段。处在这个阶段的人,可能已经对自己未知的领域产生敬畏,同时准备采取某种方式,补充这些领域的知识。

知道自己知道

当人们开始刻意学习、不断练习之后,认知水平将会达到这个阶段。处在这个阶段的人,已经掌握到了某种规律,其认知水平已经合格。

不知道自己知道

这是认知的最高境界。处在这个阶段的人,可能会发现事物背后有更广袤的未知领域,他们让自己保持空杯心态,继续学习。

认知水平的 4 个阶段举例:学习开车的 4 个阶段

哇!看起来好轻松!

天哪!我的手怎么抖得这么厉害?

慢慢来,不气馁。

毫无压力地上路啦!

不知道自己不知道　　知道自己不知道　　知道自己知道　　不知道自己知道

认知水平 4 个阶段的应对策略

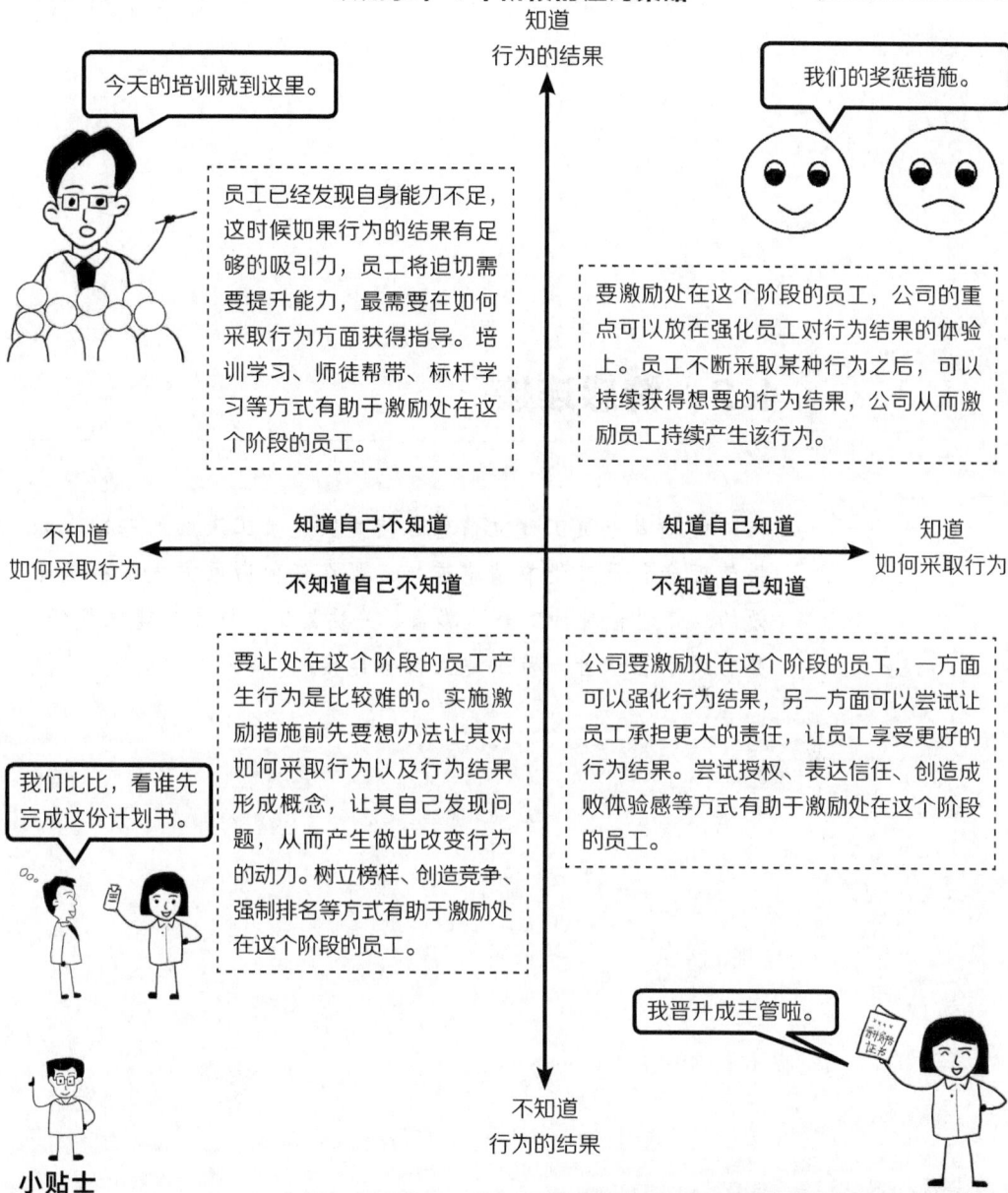

知道
行为的结果

今天的培训就到这里。

我们的奖惩措施。

员工已经发现自身能力不足，这时候如果行为的结果有足够的吸引力，员工将迫切需要提升能力，最需要在如何采取行为方面获得指导。培训学习、师徒帮带、标杆学习等方式有助于激励处在这个阶段的员工。

要激励处在这个阶段的员工，公司的重点可以放在强化员工对行为结果的体验上。员工不断采取某种行为之后，可以持续获得想要的行为结果，公司从而激励员工持续产生该行为。

不知道
如何采取行为 ←　　知道自己不知道　　　知道自己知道　　→ 知道
如何采取行为

不知道自己不知道　　　不知道自己知道

要让处在这个阶段的员工产生行为是比较难的。实施激励措施前先要想办法让其对如何采取行为以及行为结果形成概念，让其自己发现问题，从而产生做出改变行为的动力。树立榜样、创造竞争、强制排名等方式有助于激励处在这个阶段的员工。

公司要激励处在这个阶段的员工，一方面可以强化行为结果，另一方面可以尝试让员工承担更大的责任，让员工享受更好的行为结果。尝试授权、表达信任、创造成败体验感等方式有助于激励处在这个阶段的员工。

我们比比，看谁先完成这份计划书。

我晋升成主管啦。

不知道
行为的结果

小贴士

有效激励员工的方式，是将员工的行为结果和员工的需求联系在一起。某种行为结果越能够满足员工的需求，员工将越趋向于继续产生该种行为，员工激励的效果越好。如果某种行为的结果不能满足员工的需求，那么该种激励方式即使对认知水平很高的员工，也没有激励效果。

1.2　情感连接

　　管理者与员工建立情感连接是实施员工激励的基础。如果管理者和员工没有情感连接，那么任何激励方式都将是无效的。管理者对员工表达尊重、关爱员工、与员工建立信任，都有助于管理者与员工建立情感连接。

1.2.1　表达尊重：我们是合作伙伴

🔒 问题场景

我最近在查找公司的问题时，发现很多管理者和员工不亲近，他们总是给员工一种高高在上的感觉。

这也许就是管理者做不好精神激励的根源。这样会拉开管理者和员工之间的心理距离，不利于形成团队凝聚力。

管理者和员工是上下级关系，这是不是他们之间必然会存在矛盾的原因呢？

并不是。优秀的管理者懂得**尊重员工**，淡化层级感，会主动与员工建立**情感连接**。

看来这是员工激励很关键的一步。具体要怎么做呢？

管理者要把自己当成普通员工，淡化层级感，多和员工沟通交流，多了解员工的工作或生活情况，从内心关心和爱护员工。

我刚听到"员工激励"这个词时，以为员工激励是很难的事，可如果让管理者做到这些，应该不难。

听起来确实不难，关键是管理者要改变自身的思维习惯和行为习惯，做好与员工相处的每个细节。

问题拆解

由于工作需要，管理者和员工的分工不同，一方实施管理，一方被管理，但这不代表双方存在实质上的不平等关系。管理者如果不能给予员工基本的尊重，那么很可能会引起员工的反感，引发员工的对抗情绪。员工即使在工作中不直接把对抗情绪表现出来，对抗情绪也会影响工作效率和工作成果。情感连接的效应是相互的，不懂得尊重员工的管理者，也很难得到员工发自内心的尊重。

👨 **工具介绍**

表达尊重

每个人都有被尊重的需要。让员工感受到被尊重，有助于管理者和员工之间形成亲和的工作氛围，有助于强化员工的工作热情和提高员工的积极主动性。员工更容易感受到工作带来的快乐。管理者不能因为自己是管理者就和员工"保持距离"，要学会发自内心地尊重员工，并通过一些方式表达自己对员工的尊重。

管理者对员工表达尊重的 4 个细节

记住名字

了解信息

尊重个性

尊重隐私

管理者不仅要记住员工的名字，而且在和员工交流沟通时，要当面叫出员工的名字。这个细节在管理者对待新员工时，或者对于新上任的管理者建立与员工之间的情感连接非常有帮助。

管理者应适度了解员工的喜好、兴趣、个性以及员工家庭的基本情况。通过这种方式，可以体现出管理者对员工的关心。如果管理者能够同时体现出对员工家属的尊重，那么激励效果更佳。

管理者对员工表达尊重的过程中无法避免与员工沟通信息。对于员工不愿意分享的隐私，管理者要充分尊重，不要总设法尝试探寻员工的隐私，否则会引起员工的反感。

每个员工都有独特的个性！管理者不应以自己的好恶来评判员工的个性，不要总是试图改变员工的想法，在保证工作结果的前提下，要包容和尊重员工的个性。

管理者如何做好对员工的尊重

平衡彼此关系

管理者和员工之间的关系不仅是上下级关系，还是相互支持、相互依赖、期望共赢的合作伙伴关系。管理者要平衡这两种关系，应更多体现出平等的关系，这有助于管理者得到员工的爱戴和信赖。

化身普通员工

管理者要想真正懂得尊重员工，首先要从内心深处把自己当成一名普通员工，而不是把自己当成一个可以任意指挥别人、支配别人的领导。

注重沟通方式

管理者向员工布置工作时，不要表现出趾高气扬、指责的态度。管理者和员工的沟通方式不仅影响着员工如何看待管理者，也影响着管理者和员工之间的关系。

培养集体意识

尊重员工不代表纵容员工，尊重是相互的，管理者尊重员工，员工也应当尊重集体。管理者要注意培养员工的集体意识。这样可以淡化员工与团队之间的冲突，让员工形成自我调节、融入集体、服从集体的意识。

认可员工专业

术业有专攻，有的员工长期从事某岗位，在该岗位工作的相关方面具有较高的专业度。管理者如果没有像员工一样长时间从事该岗位，那么对该岗位的了解度往往低于员工。这时，管理者应当认可员工的专业性，不要出现"外行指导内行"的情况。

认同员工价值

每个员工都希望被认同。管理者通过认同员工在工作中的价值，表达对员工的尊重，培养员工的责任感。有的员工没有展示出自身价值，可能是因为不适合当前职位或者价值没有被发现。

小贴士

有的管理者认为，在员工面前"端架子"能体现"威严"，以便员工更好地服从自己。实际上，这样做只会让管理者和员工之间的关系疏远，员工感受不到管理者的尊重。员工对管理者下发的工作任务的完成质量不在于管理者指令下达得多么强势，而在于员工对管理者的认可程度。要获得员工的认可，管理者首先要学会表达对员工的尊重。

1.2.2　关爱员工：有心事尽管找我

我发现公司各部门管理者和员工之间的氛围过于官方化，完全没有你前面说的情感连接。

所有的管理者都这样吗？有没有在建立情感连接这方面做得比较好的？

还真有一个，她很细心，很关心员工，也很注重细节。她说她连每个女性员工的例假期都记得，她的部门的工作氛围就特别好，员工们很尊重她。

这就是管理者**关爱员工**的表现，其他部门的管理者可以好好向这位管理者学习。

我以前觉得关爱员工是由管理者的特质决定的，学不来，所以没有强调其他管理者要学习这一点。

管理者的特质确实会决定其关爱员工的主动程度，但关爱员工本身是管理者必备的技能之一。

关爱员工是一种技能？我还是第一次听到这种说法。如果是技能，那就应该可以被培养出来。

没错，这种技能不仅可以被培养出来，而且有具体的方法、步骤和操作细节上的注意事项。

问题拆解

很多管理者错误地认为，要想有效激励员工，需要通过高工资、高奖金、高福利的强物质刺激。这些物质刺激固然重要，但比不上管理者日常对员工关爱的影响深远。水滴石穿，水滴虽然不能一下子击碎岩石，但能够通过时间，长久改变岩石的形状，管理者对员工的关爱就像水滴一样，浸润着员工的心灵。

工具介绍

关爱员工

管理者对员工的关爱是员工激励方式之一，也是管理者必备的技能之一。关爱员工有助于管理者和员工之间形成情感连接。关爱员工有常法、无定式，管理者不仅需要"用眼""用嘴"，更要"用心"。管理者对员工的关爱就像是管理者往"情感银行"的账户中储蓄，每一次"用心"，都是一笔储蓄金，当账户"存款"达到一定额度之后，将会得到"利息"。

管理者关爱员工的 4 个细节

1. 记住细节信息

管理者应当记住员工基本信息中的细节，包括记住员工的生日，记住员工家人的姓名，记住员工家人的生日，记住员工是否生病，记住员工到公司的交通方式等。记住这些细节信息，更容易体现出管理者对员工的关爱。

2. 实施多样关怀

不同年龄段、不同经验、不同文化背景的员工，关注的重点是不同的。例如，没有结婚的员工可能更关注自己的婚姻问题，年龄偏大的员工可能更关注自己的健康问题。管理者在关爱员工时，应当关注这些"不同"，对不同的员工采取不同的关爱策略。

3. 适时帮助员工

当员工在生活中需要帮助时，管理者应尽量给员工提供适时的帮助。例如，在员工因为特殊情况需要请假时，管理者应允许员工带薪休假；当员工家庭遇到某方面困难时，管理者应通过慰问走访、组织捐款等形式，帮助员工度过困难。

4. 提供必要支持

当员工在工作上需要支持时，管理者要尽全力给员工提供必要的支持。例如，在员工开展某项工作需要管理者帮其协调某项事务时，管理者应当主动帮助员工。

管理者如何做好对员工的关爱

参与到工作和决策中使我找到了自我和团队的平衡点！

每周谈话一次

我每周都要找不同的员工谈话并记下他们的信息！

满足员工需求

关注员工身心健康

工作餐很满意！
班车很方便！
单身公寓很干净！

产期快到了，经理准了我半年的产假，真贴心！

解决员工后顾之忧

公司文化和工作氛围让我感受到了家庭般的温暖！

提供舒适的工作条件

小贴士

激励员工产生有利于公司的行为的最好方式不是通过规章制度，而是通过管理者对员工的关爱。规章制度是对员工行为的"约束"，而管理者对员工的关爱是对员工行为的"激发"。如果用驾驶汽车来比喻，规章制度更像踩"刹车"，管理者对员工的关爱更像踩"油门"。做好员工激励，应当多踩"油门"，少踩"刹车"。

1.2.3　建立信任：你犯错我也相信你

🔒 问题场景

我发现有的管理者特别忙，他们的员工却比较闲。这种情况应该不正常吧？

确实，如果管理者比较忙，员工应当和管理者一起分担工作。为什么会出现这种情况呢？

我找过几个管理者谈话，问他们为什么不让员工分担他们的工作，得到的回答大多是怕员工做不好。

这是典型的对员工不信任的表现，不让员工尝试做，怎么知道员工一定做不好呢？

我也是这么对他们说的，可他们反问我，一旦做错了，给公司造成了损失，算谁的责任？我还真不知道怎么回答。

作为管理者，要允许员工犯错，包容员工的错误。只有容得下员工犯错，才能换来员工的成长。

也对，"人非圣贤，孰能无过"。谁敢说自己一开始就能把工作做好？人总要有个成长的过程。

管理者信任员工，员工也会尽全力做。不要怕员工犯错，公司可以把员工的错误当作公司必须要承担的一部分成本。

问题拆解

员工是否犯错不是最关键的，员工是否尽全力才是最关键的。管理者因为担心员工犯错，所以不给员工分配工作任务，这不仅是管理者不懂工作分工与授权的表现，也是对员工不信任的表现。员工感受不到管理者的信任，无法获得认同感，可能会挫伤员工的自尊心，减少员工的归属感，从而让员工产生对工作的倦怠感，甚至可能造成团队"貌合神离"。

工具介绍

建立信任

每个人都期望得到别人的信任，这种期望在上下级关系中表现得更加明显。信任会激发员工的使命感，从而激发员工完成任务的责任感。员工如果能感受到自己被管理者信任，那么将会发挥更高的工作积极性，愿意为公司付出更多。感受到管理者信任的员工会担心自己辜负管理者的信任，所以会想办法尽最大的努力，用更好的成绩来证明自己值得被信任。

管理者与员工建立信任的 5 个细节

管理者对员工信任的体现不是突然把重要性比较高、难度比较大的工作直接交给员工，而是从点滴的小事开始。

管理者想要的是员工的工作结果，而不是工作过程。管理者在表达信任时，应当把精力更多地放在结果上，而不是过程上。

行胜于言

允许犯错

学会放手

管理者对员工的信任不是表现在言语中，而是体现在行为上。

小处着手

允许员工犯错是管理者表现自己信任员工的最好方式。只有管理者放心让员工做事，允许员工犯错，员工才能放心大胆地开展工作，真正获得能力上的提升。

关注结果

有的管理者喜欢插手员工的工作，在把工作布置给员工之后，时时过问、处处着想，或者随时指点员工的工作，这让员工感受不到被信任。管理者可以观察和关注员工，但不要插手员工的工作。

管理者如何体现对员工的信任

让员工承担更多责任

员工承担更多的责任将会激发其使命感和责任感，促使员工产生行动。管理者需要注意责、权、利对等的原则，更多的责任，也对应着更大的权力和更多的利益。

给员工更多发挥空间

管理者可以给员工一定的发挥空间，在这个空间之内，管理者不要过问员工的工作过程，让员工有机会充分展示自己，等阶段性的结果出现后再和员工一起探讨工作过程中的问题。

把员工犯错看作成本

管理者可以把员工犯的错误分类，把员工无心为之的错误、因环境而偶然发生的错误当成公司希望员工能力提升必须要付出的成本，管理者不必苛责员工。

正确看待信任的结果

管理者布置工作任务后可能会对员工的工作结果预期过高。工作结果达不到预期不是过分信任员工导致的问题。

鼓励员工主动创新

创新能够带来改变，鼓励员工创新是让员工展现主观能动性比较好的方式，也是体现管理者信任员工比较好的方式。

强调努力

员工为了一个目标而努力的态度比有没有达到这个目标更重要。目标有没有达到，与很多因素有关，但员工愿意为之努力的态度，却是难能可贵的。

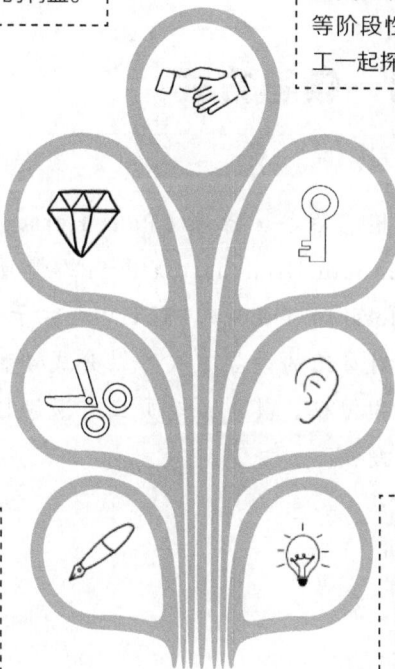

小贴士

有一种说法——管理者给员工什么，都不如给员工信任。管理者信任员工是"以人为本"管理理念的体现，它符合员工追求信任的心理诉求，可以帮助员工建立自信心，是员工进步的动力。信任有利于激发员工的工作热情，增加员工的忠诚度，降低员工的离职率。与员工建立信任的关键，不是管理者自己认为自己信任员工，而是要让员工真切地感受到自己被管理者信任。

1.3　领导方式

　　根据保罗·赫塞（Paul Hersey）和肯尼思·布兰查德
（Kenneth Blanchard）提出的情景领导理论（Situational
Leadership Theory，SLT），由于员工的成熟度不同，管
理者对员工的领导方式可以分成4种，分别是指示、引导、
参与和授权。其中，对员工有激励性的领导方式是引导、参
与和授权。

1.3.1 实施引导：没有什么不可以

🔒 **问题场景**

虽然有的员工能力相对比较弱，但有做事的主观意愿，可是在行动中总出问题，领导他们时，我是不是可以直接命令他们呢？

采取命令的方式领导这类员工也许不太合适，毕竟他们本身具备主观意愿，只是思想上没有想通，认知没有跟上。

那我应该怎么领导他们，怎么激励他们呢？

领导这类员工可以用引导的方式。引导也是对这类员工比较好的激励方式。

什么叫引导？

引导就是用非强制的方式，用注意力转换的手段，让员工的思维方式发生某种转变，实现认知水平升级。

用引导的方式有什么好处呢？

引导能够让员工自己得出管理者想要的结论，做出管理者想要的行动，而不需要管理者强加给他们。因为结论和行动是员工自己想到的，所以员工更容易接受。

问题拆解

没有人喜欢被命令的感觉。在管理者领导员工的方式中，用强制命令的方式让员工做事对主观意愿较差、能力也相对较弱的员工也许是适合的，但对其他类型的员工来说，这种方式的效果比较差，也很可能有负面效果。

工具介绍

ORID 引导法

对有行动意愿，但暂时能力较弱的员工，管理者可以采取引导的方法。ORID 引导法（焦点呈现法）就是管理者引导员工的有效工具。ORID 的含义分别是实践（Objective，O）、感受（Reflective，R）、意义（Interpretive，I）、行动（Decisional，D）。管理者可以对员工采取 ORID 引导法，引导员工做出某种行为。

ORID 引导法

决策是人们对某事物经过思考之后，做出的行动决定。决策的质量与事实、感受和解释有很大关系。

解释与人们的思维模式有关，对同一件事物，不同的人有不同的解释框架。管理者要引导员工积极思考，形成积极的解释框架。

感受是人们对某事物的想法、感觉和情绪反应。对于某事物，人们头脑中第一时间形成的就是感受。随着注意力的变化，人的感受是会变的。

决策

解释

感受

事实

举例：有的员工在管理者指出自己的问题之后，决定改变自己的做事方式；有的员工则觉得管理者对自己的评价不对，但不当面向管理者表达，又拒绝改变。

事实是客观的，是不以人的意志为转移的。事实是事物的本质属性。

举例：管理者在晨会上因为某员工的工作成果表扬了他。有的员工对此内心的解释是"这个员工很努力，我应该向他学习"，有的员工内心的解释是"这个员工只是运气好"。

举例：某人下班回家后，发现妻子在家，但没有做饭，第一时间的感受是妻子很懒。"觉得妻子懒"是立即产生的感受。可如果首先把注意力集中在妻子没有做饭的事实上，在弄清楚妻子没有做饭这一事实背后的原因之后，这个人的感受很可能会不一样。

举例：某人说"今天天气很热"，这是一个观点，而不是一个事实；某人说"今天的温度有 30 摄氏度"，这才是事实。

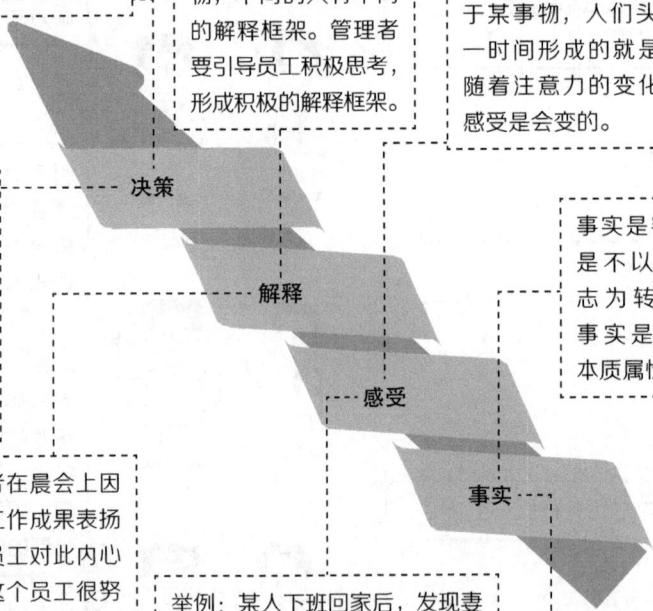

ORID 引导法实施案例

你要在 3 天之内完成一份调研报告，现在你了解一下需要哪些条件。 ①

不要着急，看完报告后，你对这份报告有什么样的感受？这让你联想到了什么？ ②

找出难点试着解决。如果有解决方案的话，那会是什么？可以从哪些角度来解决难点？ ③

这个解决方案很好，最佳的解决方案是什么？应该采取哪些行动？有哪些注意事项？ ④

ORID 引导法的实施步骤

管理者首先要带领员工通过观察，发掘客观事实。参考问题：当前的客观情况是什么？当前发生了什么？你看到了什么？你听到了什么？	管理者询问员工通过这些事实，产生了什么样的感受。参考问题：你对这件事有什么样的情绪？这件事让你联想到了什么？	管理者要引导员工正向思考，而且要引导员工运用多元化思维模式思考。参考问题：如果有解决方案的话，那会是什么？如果这件事情要得到解决，方案可能有哪些？可以从哪些角度来处理问题？	管理者引导员工针对之前的思考做出决策，形成具体的行动计划，并开展行动。参考问题：要解决这个问题，最佳的解决方案是什么？应该采取哪些行动？有哪些困难或注意事项？

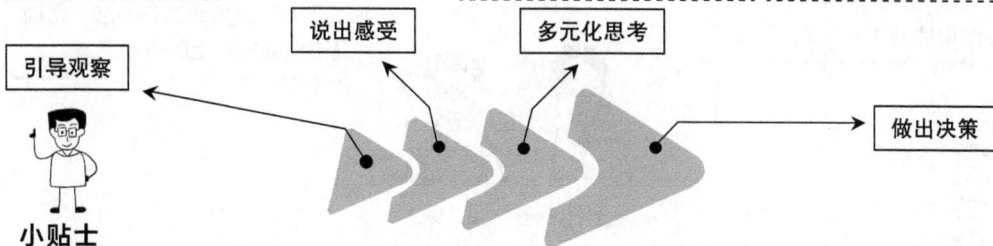

引导观察　→　说出感受　→　多元化思考　→　做出决策

小贴士

管理者在运用 ORID 引导法对员工实施引导时，如果员工一直偏向消极思维，认为"不可能"，管理者应当引导其思维由消极向积极转变，用"如果可能，应该怎么做"来代替"不可能"，从而打破员工的思维障碍，把思维聚焦在解决方案上，而不是问题、困难或感受上。让员工养成"为行动找方法，不要为不行动找借口"的思维习惯。

1.3.2 员工参与：我想和你一起玩

🔒 问题场景

对于行动意愿比较差，但是能力比较强的员工，管理者在领导方式和激励手段上是不是也可以采取引导的方式呢？

引导的主要作用是帮助员工的行动找方法，如果员工缺乏行动意愿，用引导的方式所形成的效果并不显著。

那要怎么办呢？如果员工缺乏行动意愿，是不是就没有办法改变？

并不是，员工缺乏行动意愿，很大一部分原因是员工没有参与感，员工觉得工作的结果再好也是给别人做贡献，和自己没关系。

看来员工缺乏行动意愿这一情况是可以被改变的。

是的，既然问题的根源是员工觉得工作和他没有关系，那就想办法让员工觉得工作和他有关系，而且关系很大。

那要怎么做，才能让员工觉得工作和他有关系呢？

可以让员工充分参与工作。这能让员工产生强烈的参与感，帮助员工提高主观上的行动意愿。

问题拆解

当员工有能力，但缺乏主观行动意愿时，很多传统的激励方式都将失去效果。问题的根源在于员工认为行动结果与自己没有关系，所以就缺乏行动意愿。管理者可以通过让员工充分参与工作，提升员工的参与感，让员工产生责任感和积极性，从而改变这种情况。

工具介绍

员工参与

员工参与指的是让员工参与到与其关联工作的计划、组织和决策中来。员工参与有助于员工了解工作的全貌，看清工作的价值和意义。管理者要想让员工觉得工作和自己有关系，不一定要通过物质激励才能实现。当员工深度参与到某项工作中时，发现自己的决策能够影响工作的成败，工作结果能够证明自己的能力，同时也能够让自己得到来自他人的比较高的评价，甚至能够给自己带来某种荣誉的时候，员工将产生比较强的使命感和责任感，有助于员工积极主动地投入工作。

管理者让员工参与的 4 个细节

改变观念

首先，管理者不能大包大揽式地一个人做决定。员工是有思想、有情绪的，能够为更好地完成目标做贡献，管理者不能把员工当成完成工作的机器，不顾及员工的想法，不考虑员工的感受。

营造氛围

其次，管理者要在团队中营造一视同仁、共同发展的氛围，让员工在工作过程中感受到团队的温暖，感受到团队的凝聚力。

尊重观点

再次，管理者要尊重员工的观点。当员工提出建议时，不论管理者内心觉得员工的建议多么不切实际，也不要一开始就否定员工，更不要对员工的建议做过多的负面评价，伤害员工的积极性。

表示鼓励

最后，当员工愿意参与到管理者提议的工作中来时，管理者要鼓励员工。无论员工在工作中做出多少贡献，管理者都要肯定员工的参与精神。

管理者如何让员工充分参与

保持内部信息互通

除非是敏感或保密信息，管理者让员工了解工作背景的相关信息不仅有助于员工参与，而且有助于员工更好地完成工作。

鼓励员工说出自己的想法

管理者要鼓励员工说出自己对工作的想法。无论员工说出的想法是否有价值，管理者都要肯定员工提出想法这一行为本身。对有价值的想法，管理者应给予公开的表扬或奖励。

鼓励员工参与决策

在条件允许的情况下，管理者在做工作决策时，应尽可能让员工参与。这不仅能有效激励员工，而且能够通过了解不同的决策意见，让决策更有效。

构建共赢的公司文化

制度　文化

公司文化影响着公司的氛围，影响着员工的行为。共赢的公司文化能够让员工感受到参与工作之后与团队一起成长的感觉，体会到价值感和意义感。

强化员工的思想教育

爱岗敬业
团结协作

管理者除了鼓励员工之外，对员工进行思想教育同样非常关键。管理者要在平时的工作中通过各种培训学习的形式，培养员工爱岗敬业的精神和团结协作的态度。

实施必要的正负激励

有的员工可能一开始意识不到参与对自己的价值，不愿意主动参与。这时候，管理者可以运用正负激励的方式，先引导员工参与，对参与的员工实施正激励，保证其持续参与。

小贴士

员工工作时的心情直接影响着工作效果。心情愉悦的员工思想通常比较积极，不会把工作当成"差事"，不会过多关注工作中的困难，其工作效率和工作质量都很高。员工参与，也是改善员工心情的有效方法。另外，员工参与有助于激发员工的潜能，让员工发挥出更大的价值。

1.3.3　有效授权：你能够做得更好

对行动意愿比较强，能力也比较强的员工，管理者采取参与的领导方式是否有效呢？

相对来说，效果会差一些。因为这类员工想要的不仅是参与，更是负责一项工作，以及顺利完成工作后的成就感。

对待这类员工，管理者应采取什么样的激励方法呢？

用**授权**的方式激励员工相对比较有效。

授权就是把工作全部交给员工，管理者不管不问吗？

当然不是，授权不是让管理者当"甩手掌柜"。不是什么人都可以被授权，也不是什么事都可以授权。

看来实施授权也是一门学问。

没错，在授权前、授权中和授权后，管理者要把握很多要点，做好管控。

问题拆解

行动意愿和能力都比较强的员工最期望有机会展示自己，这类员工具备一定的安全感，更加追求存在感和满足感。管理者对员工进行工作授权，代表着管理者对员工的信任，这一方式对员工有比较强的激励性。但工作授权不能随意实施，管理者要想让工作授权有效，则需要有一定的管控机制。

💡 工具介绍

有效授权

授权，就是管理者将自己的部分职权授予员工行使，让员工在一定的职责范围内，全权进行工作，同时管理者对员工在该职权范围内的工作结果承担责任。授权是一套管理行为组成的过程，而不是一种简单的行为。有效的工作授权，分为授权前的准备、授权中的控制和授权后的评估。

管理者授权给员工的 3 个细节

没有准备的授权很可能不但实现不了授权原本的预期，而且会发挥负面效果，令被授权的工作和被授权的员工受损失。什么样的工作能够被授权、什么样的员工适合被授权，管理者需要在授权前认真评估。

授权前

工作授权之后，不代表管理者可以当"甩手掌柜"，但管理者也不能看得太紧，像没有授权一样。授权的目的是提高工作效率，培养员工能力，要实现有效授权，需要管理者在授权过程中有效控制。

授权中

工作授权有质量之分。通过授权后的评估，管理者不仅能够了解授权行为本身的质量，而且能够掌握授权后工作的实施质量。这一行为既有助于管理者改进工作，又可以及时发现工作中的问题，提高工作质量。

授权后

管理者如何有效实施授权

管理者在实施工作授权之后，为了保证工作质量达到预期，管理者要对授权的工作实施必要的检查。

管理者在做过程管控时，可以把重点放在关键的阶段性目标的完成情况上。

管理者在进行过程评价时，要做到客观评价，避免不假思索的评价误差。

对于被授权工作的完成质量，管理者应理性判断。根据授权工作的难易程度，酌情评价。

管理者在实施工作授权之前，要和员工充分地沟通。谈话时管理者首先要让员工愿意接受被授权的工作。

阶段目标评价

做好授权检查

注意评价误差

工作的结果与很多因素有关。管理者应当先从环境层面找原因。

进行授权沟通

不是每一个员工都适合被授权。一般来说，行动意愿强、工作能力强的员工才适合被授权。

不要过于苛刻

授权中

授权前

授权后

查找环境因素

选准授权对象

注重培养引导

找准授权工作

管理者在实施工作授权前，要找准什么样的工作可以被授权，什么样的工作不能被授权。

授权的目的一方面是激励员工，另一方面是锻炼员工的能力。所以在对待员工犯错时，管理者应当以培养和引导为主，不应过分聚焦和强调员工的错误。

小贴士

除了没有掌握授权的方法之外，管理者不愿意授权的原因主要是管理者的心理因素。管理者很容易觉得"这项工作只有我才能做好，给员工做很可能出问题"。因此，授权的第一步，是管理者要做好心理建设，跳出自己的权力舒适圈，以客观、开放的心态看待工作授权，以循序渐进、逐步尝试的方式开始工作授权。

第 2 章　物质激励

💎 **本章背景**

听完了精神激励的方法之后，我觉得这正是我们公司现在缺少的，我们不应该那么重视物质激励了。

精神激励固然重要，但也不能因为这样，就不重视物质激励。精神激励要发挥作用，需要以一定的物质激励为基础。

可是我们公司现在已经做了很多物质激励呀，而且我们之前一直把精力放在物质激励上，还有什么需要改变的吗？

虽然你们公司现在已经实施了物质激励，但也不一定所有环节都操作得当，而且物质激励不一定起到了最大的激励效果。

我们分别从短期、中期和长期3个方面，来探讨如何做好物质激励吧。

要怎么做物质激励才有效呢？

问题拆解

物质激励是让员工在物质需求上得到满足，从而激发员工的积极性、主动性和创造性的一种员工激励方式。物质激励是其他激励方式的基础，需要和其他激励方式配合使用，共同发挥作用。如果没有物质激励，只有其他激励（如精神激励），那么其他激励通常无法起到激励效果。但如果只有物质激励，没有其他激励，物质激励同样很难起到激励效果。

2.1　短期物质激励

　　短期物质激励，指的是对员工行为有较短周期影响的物质激励方式。短期物质激励的周期一般小于季度，常见的周期长度有天、周或月。常见的短期物质激励形式包括工资、津贴、奖金。

2.1.1 固定工资设计：主要是为了"兜底"

🔒 **问题场景**

前几天销售部门的负责人找我，说销售团队成员的工作积极性不高，他想通过提高销售团队成员的固定工资的方法，来激励他们。

我建议不要。提高固定工资，不会起到你们想要的激励效果。

我正要答应他呢！为什么？

因为固定工资是"无责任"的工资，是员工不论业绩如何都能拿到的工资，是激励性最小的工资。

也就是说，我提高销售团队的固定工资之后，他们会无感。

不仅无感，说不定还会有相反的效果。因为员工不需要付出更多的努力，不需要创造更大的价值，就可以拿到比原来更高的工资。

是呀！这样的话员工还有什么动力采取行动呢！那针对销售团队成员工作积极性不高的问题，我应该怎么办呢？

增加工资可以，但是这部分工资要增加在奖金上，而且这个奖金必须以业绩为依据。员工想要高工资，先要做到高业绩。

问题拆解

固定工资能给员工带来"安全感"，这种"安全感"对公司来说是一把"双刃剑"。一方面，它是员工物质激励的基础，必须要有；另一方面，它会给员工创造一片"舒适区"。在这片"舒适区"内，员工不必做出贡献性的行动也可以获得物质结果。

工具介绍

固定工资

固定工资指的是员工在保证出勤且不违反国家相关法律以及不违反公司规章制度规定的前提下，不论员工对工作职责履行的态度、过程、成果如何，员工都可以得到的，体现为货币形式的工资。

固定工资实际上是员工在最差绩效表现时，公司愿意付出的最高工资。

设计固定工资的 4 大原则

战略性原则指的是公司在设计工资时，要站在公司战略发展和目标的高度上，充分考虑公司的战略。除了考虑公平性、竞争性、激励性和经济性之外，固定工资还应是一种有助于公司战略实现的管理手段。

经济性原则指的是公司在设计工资时，要充分考虑自身的经营情况、财务状况和承受能力，用有限的资金发挥最大的效果。经济性原则与竞争性原则之间的关系并不矛盾，是相互制约的对立统一关系。工资既是公司对员工劳动的补偿，也是对员工的投资。经济性原则的第一层含义是实现对财务资源在人力资源上的最优配置；经济性原则的第二层含义是实现人力资源的最合理、最优配置；经济性原则的第三层含义是实现人力费用使用的最优化。

公平性原则
战略性原则
竞争性原则
经济性原则

04
01
02
03

公平性原则是设计固定工资的首要原则，指的是公司要考虑员工心理上的公平感、认同感和满意感。公平性原则是相对的，不是绝对的。公平感是主观的，不是客观的。公平性原则的含义不是追求绝对意义上的工资水平的平均，而是综合考虑岗位价值、个人能力、贡献大小、绩效高低等因素，采取各岗位薪酬"该高的高，该低的低"的相对公平的原则。

竞争性原则指的是公司如果想吸引外部人才就应采取在外部劳动力市场中相对有竞争力的工资政策。如果公司设置的工资水平在外部市场没有竞争力，那么不仅很难吸引到外部的优秀人才，而且公司内部的优秀人才也可能因为工资政策的劣势而选择离开。

竞争性原则不代表公司一定要采取工资水平的绝对高值。有竞争力的浮动工资，丰富灵活的福利体系，良好的雇主品牌、工作环境、组织文化和管理氛围等同样可以带来竞争性。

固定工资设计流程

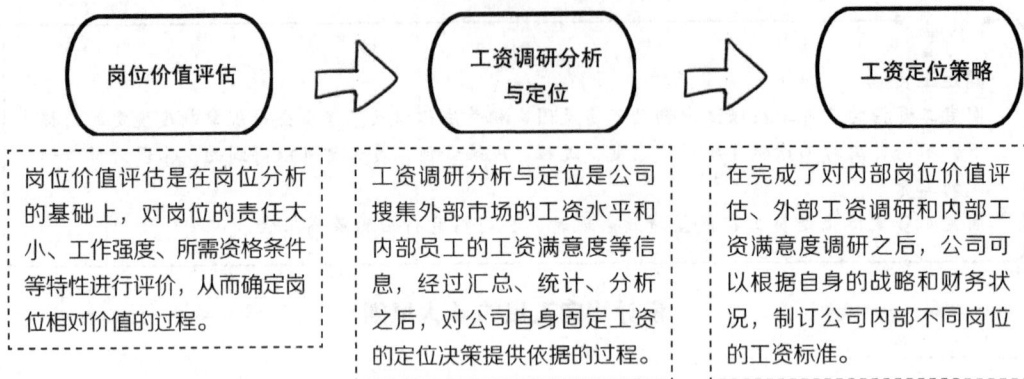

岗位价值评估 ⇨ 工资调研分析与定位 ⇨ 工资定位策略

岗位价值评估是在岗位分析的基础上，对岗位的责任大小、工作强度、所需资格条件等特性进行评价，从而确定岗位相对价值的过程。

工资调研分析与定位是公司搜集外部市场的工资水平和内部员工的工资满意度等信息，经过汇总、统计、分析之后，对公司自身固定工资的定位决策提供依据的过程。

在完成了对内部岗位价值评估、外部工资调研和内部工资满意度调研之后，公司可以根据自身的战略和财务状况，制订公司内部不同岗位的工资标准。

制定工资策略时，要考虑的 4 大要素

在确定工资策略前，管理者首先应了解公司的总体发展战略、竞争战略、发展阶段，以及战略导向和目标。通过对公司战略的分解，确定工资策略。 **公司战略**

只有顺应公司文化的工资策略才有可能被有效实施。对抗公司文化或者与公司文化相悖的工资策略往往以失败告终。 **公司文化**

公司的外部环境一般包括宏观环境和微观环境。宏观环境包括政治、法律、经济、社会文化、自然和技术等；微观环境包括产业生命周期、产业结构、市场结构、市场需求、产业战略群体和成功关键要素等。 **外部环境**

制定工资策略同样受内部条件的影响。例如公司的业绩情况、盈利状况、财务状况以及员工对现有薪酬制度的接受度、满意度以及预估员工对其他工资策略的认识和接受程度等。 **内部条件**

小贴士

固定工资是所有物质激励中激励效果最差的激励方式，但这并不代表固定工资不重要。好的固定工资设计不一定会对员工产生正面的激励效果，但不好的固定工资设计一定会对员工产生负面的激励效果。

2.1.2 津贴设计：补偿的意义更强

🔒 **问题场景**

我想给不同类型的员工不同的物质激励，例如给工作年限长的员工额外激励，鼓励员工留下和公司一起发展。针对这种情况我是否可以直接提高这类员工的工资？

为什么呢？

也就是说，我们应该让员工们明确知道，彼此情况类似的员工，但月工资不同的具体原因是什么？

那应该怎么体现对不同类型的员工作为补偿性质的这部分物质激励呢？

这时最好不要用工资来体现物质激励，因为激励不同类型员工的方法有所不同，直接用工资来体现物质激励，员工本人和其他员工很难认识到这么做的原因，很难受到激励。

例如，如果其他外在条件相同，某个工作年限长的员工月工资为8 000元，工作年限短的员工月工资为6 000元。有什么规则或机制能说明，他们月工资的差距是因为工作年限的长短呢？

是的，员工们只有清楚地知道彼此收入差异的原因之后，才能起到物质激励的**引导效果**。

这部分物质激励可以以**岗位津贴**的形式，和岗位工资一起发放，但一定要有明确的规则。

问题拆解

很多公司把原本属于岗位津贴的物质激励放在工资中，这样做虽然表面上看起来员工每月发放的工资总额与"岗位工资＋岗位津贴"相同，但员工本人和其他员工感受不到是什么原因导致了彼此的工资差异，也就不会刻意调整自己的行为。

工具介绍

岗位津贴

岗位津贴是公司为了补偿员工在特殊的劳动条件或工作环境下的额外劳动消耗或生活费用等额外支出而建立的一种辅助工资制度。岗位津贴可以按照多种方式分类，如果按管理层次划分，可以分两类：一是从制度或法规层面统一制定的津贴；二是公司自主规定的津贴。如果按照功能划分，可以划分为岗位性津贴、技术性津贴、年功性津贴、地区性津贴和生活保障性津贴五大类。

岗位津贴按照功能划分的五大类

年功性津贴

年功性津贴指的是公司为了进一步鼓励员工的忠诚度和稳定性而建立的津贴。例如工龄津贴、教龄津贴（教师岗位）、护龄津贴（护士岗位）等。此类津贴与司龄工资作用重复，所以公司对于司龄工资和年功性津贴通常是只采取其中的一种方式。

技术性津贴

技术性津贴指的是公司为了激励员工达到某项技术等级或取得某项技术成果而建立的津贴。例如技术工人津贴、技术职务津贴、技术等级津贴、科研课题津贴、研究生导师津贴、特殊教育津贴、高级知识分子特殊津贴（政府特殊津贴）等。

地区性津贴

地区性津贴指的是公司为了补偿员工在某些特殊地点工作而产生的额外的生活费用支出或补偿员工长期离乡背井而建立的津贴。例如外派津贴、边远地区津贴、高寒山区津贴、海岛津贴等。

岗位性津贴

岗位性津贴指的是公司为了补偿员工在某些有着特殊劳动条件的岗位上劳动产生的额外消耗而建立的津贴。例如高温作业津贴、冷库低温津贴、高空作业津贴、井下作业津贴、出差外勤津贴、班（组）长津贴、课时津贴、班主任津贴、科研辅助津贴、殡葬特殊行业津贴、水上作业津贴等。

生活保障性津贴

生活保障性津贴是公司为了保障员工的工资收入和补偿员工部分生活费用而建立的津贴。例如服装津贴、伙食津贴、住房津贴、房租津贴、交通津贴、过节津贴、书报津贴、卫生津贴等。

设计岗位津贴的 4 大注意事项

明确条件范围

公司不应对所有员工平均发放岗位津贴，而应根据不同岗位、类别的员工，根据不同的条件、环境或范围，发放不同的岗位津贴。岗位津贴应与岗位挂钩，而不应与从事该岗位的员工绑定。

高温津贴发放方式举例：
按高温出勤情况发放高温津贴。

$30℃ \leqslant X < 32℃$	10 元 / 小时
$X \geqslant 32℃$	20 元 / 小时
$X < 30℃$	0 元 / 小时

明确发放标准

公司应有明确的岗位津贴发放标准。也就是说，当某岗位满足某个条件时，才发放岗位津贴。在该岗位不满足该条件时，不应发放岗位津贴。

高空作业津贴发放方式举例：
某员工一个月内有 5 天从事高空作业，该月高空作业的岗位津贴 =200×5=1 000（元）。

明确发放方式

岗位津贴发放方式一般是每月随员工工资一起发放。但是由于某些岗位的特殊性，某些岗位津贴的发放方式具有特殊性，有时是单独发放，有时是完成某项特殊任务后集中发放。

驻外岗位津贴发放方式举例：
一种是在驻外国家随月工资以美元的形式发放，另一种是在员工驻外任期结束回国后的当年随年终奖金以人民币的形式一起发放。

严格执行法规

国家法律以及地方法规政策对于一些津贴有明确的要求，公司在设计岗位津贴时，应至少满足相关规定的最低要求。

上海市高温津贴发放方式举例：
上海市人力资源和社会保障局在《关于调整本市夏季高温津贴标准的通知（沪人社规〔2019〕19 号）》中明确规定："企业每年 6 月至 9 月安排劳动者露天工作以及不能采取有效措施将工作场所温度降低到 33℃以下的（不含 33℃），应当向劳动者支付夏季高温津贴"。

小贴士

岗位津贴的设计应体现该津贴存在的初衷，公司在设计岗位津贴之前，应明确制定岗位津贴的发起、审批、测算、发放等各流程的运行权限；公司在设计岗位津贴时，要避免滥发滥用和平均主义；公司在运行岗位津贴制度的过程中，应加强监督审查工作，保证岗位津贴起到应有的作用。

2.1.3 奖金设计：要发就不要拖拉

对于一些成绩突出的员工，公司想给他们物质激励，该部分物质激励可以在年底时作为年终奖金发给这类员工吗？

如果要鼓励员工继续做出好成绩，那么最好给员工即时的奖励。

那年终奖金没有用吗？

年终奖金是对员工过去一年做出成绩的总结和奖励，奖励周期较长，在对员工行为的影响上，不如**即时的奖金**。

这么说，我应该在员工做出成绩之后，马上奖励他？

如果能做到的话，当然这样效果是最好的。这么做的管理成本较高，要想做到可以通过放权来实现。

意思是让中基层管理者有权根据员工做出的阶段性成绩即时给员工发奖金吗？中基层管理者有这种权力之后，会不会出现管理腐败的问题？

确实有可能出现，所以这考验公司的管理水平。已经有很多公司成功地把给员工发奖金的权力下放到班组长。

问题拆解

很多公司在对员工采取奖金激励措施时存在延期现象。当员工因为某种行为或结果应当获得奖金，却长时间没有得到时，该员工对奖金的感受将会降低，再次产生行为或结果的概率也会降低，奖金将无法起到预期的效果。因此，即时的奖金比延时的奖金具有更好的激励效果。

工具介绍

奖金

奖金是用来奖励员工某种行为或结果的物质激励。奖金可以作为短期物质激励，也可以作为中长期物质激励，但一般来说，资金作为短期物质激励时，激励效果更显著。常见的奖金类别有两大类，一类是固定奖金，另一类是浮动奖金。

固定奖金一般是计算形式和发放形式都相对固定的奖金。

浮动奖金一般是与公司某项业绩直接相关的奖金，它是为了鼓励员工达到某项业绩目标而设立的奖金形式。所有浮动奖金的计算都可以简单地归纳为这样的公式：奖金＝基数 × 比例。根据需要，基数可以是销售额、毛利额、成本额、利润额等指标。

2 种浮动奖金设计举例

固定比例

固定比例浮动奖金指的是奖金额与业绩增长呈二元线性关系的奖金形式。业绩每增加 X 个单位，奖金增加 AX。

金额 / 万元

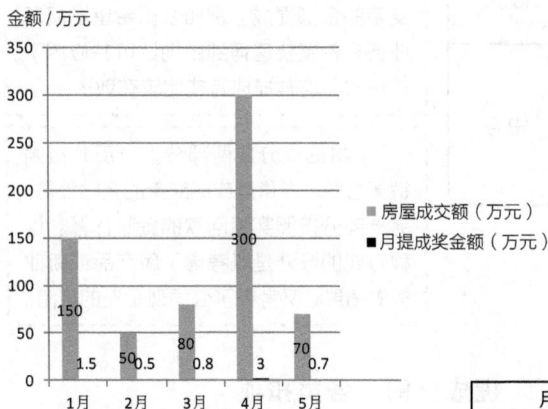

■ 房屋成交额（万元）
■ 月提成奖金额（万元）

某房地产销售公司规定房产经纪人每月的提成奖金为房屋成交额的1%。某房产经纪人今年连续5个月的房屋成交额和提成奖金额如上所示。

可变比例

可变比例浮动奖金指的是奖金额与业绩增长呈阶梯形或指数型增长关系的奖金形式。当业绩在某个范围内时，奖金比例为 A，奖金额等于基数 × A；当业绩达到另一个水平时，奖金比例为 B，奖金额等于基数 × B。

每月汽车销售数量（ 台 ）	每台车的提成奖金额（ 元 ）
$X < 10$	100
$10 \leqslant X < 20$	200
$20 \leqslant X < 30$	300
$30 \leqslant X < 40$	400
$40 \leqslant X < 50$	500
$50 \leqslant X$	600

某汽车销售公司为了鼓励业务员销售，制定阶梯式的提成奖金制度如上所示。

月份	1月	2月	3月	4月	5月
汽车成交量（ 台 ）	35	8	22	28	41
月提成奖金额（ 元 ）	14 000	800	6 600	8 400	20 500

该公司某销售人员今年连续5个月的汽车销售量和提成奖额如上所示。

销售业绩类岗位提成奖金设计方法

公司选择"低提成"还是"高提成"需要参考行业、公司、市场、品牌、产品特性、管理体制、客户群体等因素。

提成类型	公司发展阶段	公司规模	品牌知名度	管理体制	客户群体
低提成	成熟期	较大	较高	成熟	稳定
高提成	成长期	较小	较低	薄弱	不稳定

低提成

低提成指提成工资在销售人员的整个工资结构中占比较低。"低提成"的奖金设计方法能够稳固和维持公司现有的客户和市场，保持公司的外部稳定，有利于公司平稳发展。

高提成

高提成指提成工资在销售人员的整个工资结构中占比较高。"高提成"的奖金设计方法能够激励销售人员开发市场和提高销售的积极性，有利于公司开拓新业务、快速占领市场。

销售提成基数的选择方法的参考如下。

确定销售基数的 3 种方法

提成基数	公司战略	公司发展阶段	公司经营风险
按回款额提成	稳定经营降低财务风险维持现金流	成熟期	较小
按合同额提成	迅速推广应用快速抢占市场	成长期	较大
按回款额和合同额的结合提成	在维持当前的现金流的基础上创造未来的现金流	成长期	中等

（1）按照公司销售的实际回款额计算。这种方式的好处是能够有效避免因销售人员一味地追求销售合同额、发货量或成交量的持续增长，忽略实际到账金额，而造成公司产生大量呆账、坏账等现金流风险。

（2）直接根据销售合同、发货量或成交量的金额提成。例如公司希望发展新业务，希望快速得到市场认可并应用于市场时，这种提成方式比较有效。

（3）将提成分成两部分，一部分按照销售合同、发货量或成交量的金额计算，另一部分按照实际回款的金额计算。这种方式的好处是既考虑了新产品或新业务的拓展，又考虑了公司现金流的风险。

小贴士

销售提成 ＝ 提成基数 × 提成比例 － 各类扣项

奖金设计的关键有三点：一是让员工知道在什么情况下可以得到奖金；二是当该情况出现时，让员工即时得到奖金；三是让员工感受到奖金机制的稳定性。另外，针对不同的激励目标，公司还可以有目的地设计更多类型的奖金计算方法。

2.2　中期物质激励

　　中期物质激励，指的是能够综合短期和长期物质激励特点的综合物质激励方式。中期物质激励的周期一般大于等于季度，小于等于年度，常见的周期长度有季度、半年度或年度。绩效奖金、年薪都是常见的中期物质激励形式。

2.2.1 绩效奖金：鼓励拿结果交换

🔒 **问题场景**

我现在知道怎么设计奖金了，回头我要把公司所有的奖金都即时兑现。

并不是所有的奖金都适合即时兑现。例如**绩效奖金**，最好在整个绩效周期结束后兑现。

绩效奖金和前面说的奖金（常规的奖金）有什么不同吗？

差别还是比较大的。其中最显著的不同是常规的奖金对于相同岗位来说，通常是"有或没有"的关系，而绩效奖金是"多或少"的关系。

也就是说，相同岗位上的员工，只要绩效达标，就应当获得相同的绩效奖金吗？

是的。绩效奖金通常是工资的常规组成项目。奖金可以设计成常规项目，也可以设计成非常规项目。

听起来绩效奖金更像是从员工固定工资中分出来的一部分；而常规的奖金是多出来的一部分。

可以这么理解。绩效奖金的发放条件，是以岗位绩效的完成质量为前提的；常规的奖金的发放条件是员工的行为或结果达到某种标准。

问题拆解

常规的奖金与绩效奖金存在的目的是不同的。常规奖金存在的目的是对员工的奖励，是公司基于员工业绩和员工表现，为了鼓励或激励员工，给予员工的物质激励；绩效奖金存在的目的是在日常运营中约束和规范员工的行为，让员工实现公司希望看到的工作目标和成果。绩效奖金更像是一种"押金"，是员工承诺自己能够达到岗位绩效的质押。

工具介绍

绩效奖金

绩效奖金，也叫绩效工资，是与员工岗位绩效目标的达到情况相关的奖金，员工只有实现预期的绩效目标，才能得到预期的绩效奖金。绩效奖金的设计，有利于公司控制经营成本，让员工的努力、岗位的目标、公司的目标一致；有利于在提高员工满意度的同时，完成公司的绩效。绩效奖金一般与固定工资存在一定的联系。绩效奖金总额一般是固定工资总额的一定比例。

绩效奖金的 3 种设计模式

弹性模式

固定工资 <40%	绩效奖金 >60%

稳定模式

固定工资 >60%	绩效奖金 <40%

折中模式

固定工资 =50%	绩效奖金 =50%

弹性模式	稳定模式	折中模式

| 弹性模式通常应用于与公司业绩关联度较高的岗位。例如销售业务人员、总经理、某些岗位的高管等。 | 稳定模式通常应用于与公司业绩关联度较低的岗位。例如行政助理岗位、财务岗位、人力资源管理岗位等。 | 折中模式通常应用于经营状况较稳定的公司，以及公司业绩的关联度和岗位人员的能力素质要求并重的岗位。例如技术研发岗位、生产工艺岗位等。 |

原本无绩效奖金的公司，设计绩效奖金的方法

公司的月度绩效考核目标普遍设定很高，我很难拿满分，只要不是满分我每月的工资就会减少。

我今年每月将涨 800 元工资。这 800 元，作为我每月的绩效奖金进行考核，我的工资只多不少呀。

张三月工资是 6 000 元。实行绩效考核之后，他的工资变成了固定工资 4 000 元，绩效奖金的基数是 2 000 元。张三某月份绩效得分为 80 分。

因月工资＝固定工资＋绩效奖金，则张三该月的月工资为 4 000+2 000×80%=5 600（元）。

张三今年每月将涨 800 元工资，公司把张三原来 6 000 元的月工资作为固定工资，新增的 800 元作为绩效奖金，根据每月绩效考核分数结果计算绩效奖金。员工张三某月份绩效得分为 80 分。

因工资＝固定工资＋绩效奖金，则张三该月的月工资为 6 000+800×80%=6 640（元）。

某公司员工张三每月的固定工资为 4 000 元，绩效工资为 1 000 元，除此之外再无其他收入。该公司规定员工每月的绩效评定结果与绩效工资发放比例以及公司员工张三 1 月至 5 月的绩效评定结果、绩效工资与当月应发工资如下所示。

绩效评定结果	绩效工资发放比例
A	100%
B	80%
C	50%
D	0

	1 月	2 月	3 月	4 月	5 月
绩效评定结果	B	A	B	C	A
绩效工资（元）	800	1 000	800	500	1 000
当月应发工资（元）	4 800	5 000	4 800	4 500	5 000

小贴士

绩效奖金不是一用就灵的"万能药"，实施不好可能会增加管理层和员工之间的摩擦，产生负面的激励效果。公司想让绩效奖金发挥激励作用，需要具备以下基本条件：（1）员工具备达到绩效的基本能力；（2）员工相信通过努力就能够达到绩效；（3）员工的绩效结果能够在一定程度上受自己努力程度的控制；（4）公司要具备精准的绩效评价系统，员工的绩效能够被准确、量化地测量；（5）员工相信公司绩效评判的过程是公平、公正、公开的。

2.2.2　年薪设计：短期与长期平衡

🔒 **问题场景**

对于公司里面一些比较重要的岗位，我想给在这些岗位工作的员工发的工资既体现短期激励，又体现长期激励，应怎么做呢？

可以试试**年薪制**。公司可以通过设计年薪制，实现短期激励和长期激励的平衡。

年薪制不是一种针对公司高管实行的薪酬制度吗，对中基层管理人员也适用吗？

年薪制不只对高管使用，对任何在适合采取年薪制的岗位工作的员工都可以用。

年薪制就是平时不发工资，年底时再发放全部工资的制度，是吗？

并不是这样，年薪制的"年"，是物质激励时间周期的单位，并不是发工资的时间单位。

也就是说，实行年薪制的员工，公司每月也会正常发工资给他？

是的，年薪制除了可以设计月度工资之外，可以设计月度/季度/半年度/年度奖金，还可以设计一些长期激励方式。

问题拆解

年薪制原本适用于那些对公司经营业绩影响较大，或具备公司实际经营权，但没有或只小部分享有公司所有权的人员。例如高级管理人员或核心技术人员。随着公司经营管理模式的演变，组织扁平化、组织平台化、组织权力下沉等理念的付诸实施，公司中可以实施年薪制的人员的范围越来越广，年薪制已经逐渐扩散并应用于许多中基层管理者或某些特殊岗位的基层员工。有的公司甚至实行全员年薪制。

工具介绍

年薪制

年薪制是根据公司的业绩和个人的绩效，以年度为激励单位，对员工实施短期、中期和长期物质激励相结合的薪酬分配模式。年薪制的目的是把员工的个人利益与公司的利益联系起来，让员工发展与公司发展的目标一致。年薪制因为能实现物质激励中短期与长期的平衡，对员工既有激励，又有约束，被广泛应用在公司的薪酬设计中。

年薪制薪酬模式的构成要素一般有三部分。一部分是相对固定的收入 A；一部分是定位在员工短期激励的浮动收入 B；还有一部分，是定位在对员工较长远的长期激励 C。

年薪制的 3 大构成要素

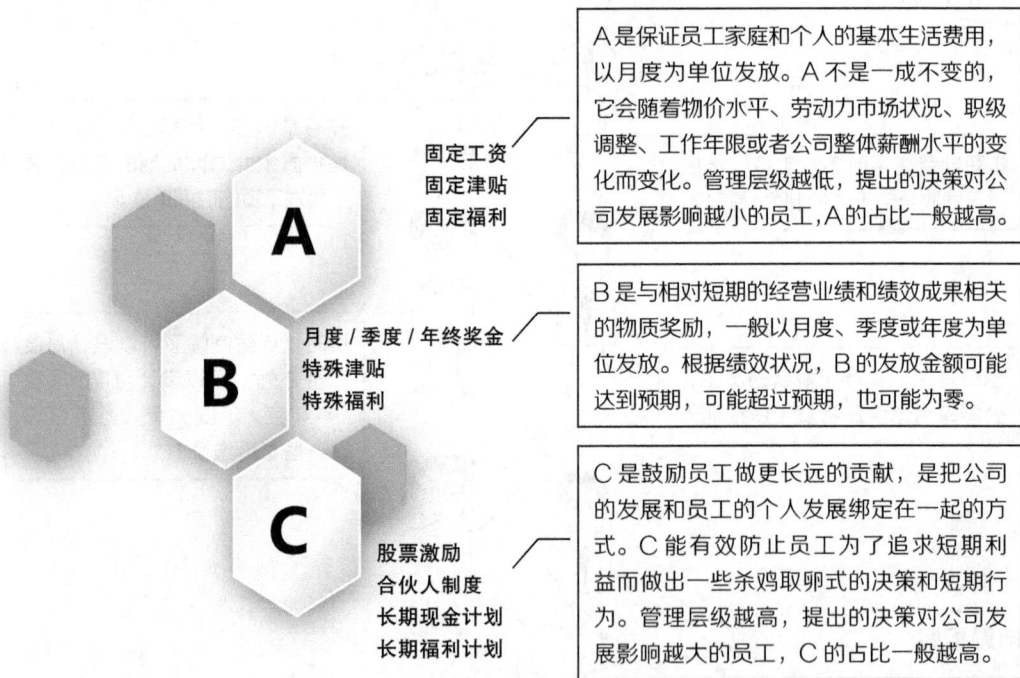

固定工资
固定津贴
固定福利

A

A 是保证员工家庭和个人的基本生活费用，以月度为单位发放。A 不是一成不变的，它会随着物价水平、劳动力市场状况、职级调整、工作年限或者公司整体薪酬水平的变化而变化。管理层级越低，提出的决策对公司发展影响越小的员工，A 的占比一般越高。

月度 / 季度 / 年终奖金
特殊津贴
特殊福利

B

B 是与相对短期的经营业绩和绩效成果相关的物质奖励，一般以月度、季度或年度为单位发放。根据绩效状况，B 的发放金额可能达到预期，可能超过预期，也可能为零。

股票激励
合伙人制度
长期现金计划
长期福利计划

C

C 是鼓励员工做更长远的贡献，是把公司的发展和员工的个人发展绑定在一起的方式。C 能有效防止员工为了追求短期利益而做出一些杀鸡取卵式的决策和短期行为。管理层级越高，提出的决策对公司发展影响越大的员工，C 的占比一般越高。

📢 注意：岗位不同、职务不同、层级不同，各部分的薪酬占比也不同。但年薪制的属性决定了它本身就是一种减少固定收入、增加浮动收入的模式。公司既然采取年薪制，那么在原则和趋势上就应当减少 A 的占比，增加 B 或 C 的占比。

年薪制常见的 5 种模式

特点	准公务员模式	一揽子模式	非持股多元化模式	持股多元化模式	虚拟持股多元化模式
适用对象	公司高级管理人员，尤其是国有公司中临近退休的高级管理人员	通常是某公司或事业部的最高经营管理者	公司的中高级管理人员，关键岗位人才		
适用公司	大型国有公司或对国民经济有特殊战略意义的大型集团公司或其控股公司	期望快速发展的公司，或者面临特殊问题的公司	所有公司	股份制公司	所有公司
薪酬结构	A+C（相对固定的收入＋养老金计划）	B（固定数量的年终奖金）	A+B（相对固定的收入＋短期激励）	A+B+C（相对固定的收入＋短期激励＋长期激励）	A+B+C（相对固定的收入＋短期激励＋长期激励）
激励作用	稳定体面的生活保障以及退休后高水平的退休金保障；一定程度约束管理者的短期行为	承包式的激励，激励作用较大，但可能引发短期行为；激励作用的有效性发挥很大程度上取决于考核指标的科学选择和准确真实的判断	将绩效与薪酬直接挂钩，相对传统薪酬模式更具激励性；但缺少激励长期行为的类目，可能导致人才的短期行为，影响公司长期发展	理论上比较有效，形式可以灵活多样，兼顾短期和长期，股票价格的升值可能会使人才获得大额财富；但是实施条件相对较苛刻	把股权的概念引入非上市公司甚至非股份制公司中。利用虚拟的股权机构，以让人才享受股权分配权的方式满足人才长期发展的需要

非持股多元化模式、持股多元化模式和虚拟持股多元化模式是公司采取频率最多、最常见的年薪制模式。三者之间的不同主要体现在长期激励的操作方面。

小贴士

准公务员模式的考核指标一般是公司当年的业绩目标是否达到；一揽子模式的考核指标通常是十分明确的一项或几项指标，例如实现利润、增加销售、减少亏损、资产利润率等；非持股多元化模式、持股多元化模式和虚拟持股多元化模式的考核指标都是根据公司战略和岗位特点制定的。

2.3　长期物质激励

　　长期物质激励，指的是对员工行为有较长期影响的激励方式。长期激励的实施周期一般大于等于年度，但也有一些长期物质激励虽然是在较短期内兑现，但能起到长期激励的效果。常见的长期物质激励形式包括福利设计、股权激励、合伙人制度。

2.3.1　福利设计：不亚于工资奖金

我觉得福利是种没用的支出，对员工没有激励性，不如去掉这部分支出。

福利如果应用得当，应该是比较有用的物质激励方式。你们公司的福利是怎么做的？

端午节、中秋节时公司给员工发600元的福利费，春节发1000元的福利费。这些钱随过节当月工资统一发到员工工资卡里。

你这样发福利员工当然没感受。不如给员工发实物，让员工可以选择实物，这样还能降低成本。

如果发实物，因为公司团购量大，可以找商超（商场里面的超级市场）或供应商谈价格，甚至可以直接找厂家谈价格，这样实物的价格很可能比市场价低20% ~ 40%。

发实物比发现金更有激励性我可以理解，为什么能节省成本呢？

节省下来的成本，可以转化成其他福利形式回馈员工。员工获得福利的形式增多，获得福利的内容增加，则满意度也会提高。

哦，这个方法好！这样既可以省钱，又能起到更好的激励效果。

问题拆解

员工福利要真正发挥作用，不是"有没有""多不多"的问题，也不是"好不好"的问题，而是"用不用心"的问题。所谓"用不用心"，就是公司有没有把福利用到关键点上。

如果把福利用到了关键点上，比较少的成本也能发挥出比较好的激励效果；如果没用在关键点上，再多的成本也发挥不了激励效果。

👨‍🏫 工具介绍

福利

员工福利是劳动报酬的间接组成部分，它是在工资和奖金之外，向员工本人或其家属提供货币、某类实物、某个机会、某项服务或某种权利等形式的付出。公司通过为员工提供各类福利，能够更好地吸纳和留住优秀人才，增强员工的凝聚力，增加员工的归属感和满足感，从而提升公司的绩效。公司给员工的福利通常可以分成两大类，一大类是法定福利，另一大类是非法定福利，也叫作公司福利。

福利的分类

法定福利	国家性福利	社保/公积金等其他法律法规规定的福利
	地方性福利	
公司福利	全员享受	弹性福利
		非弹性福利
	部分享受	弹性福利
		非弹性福利

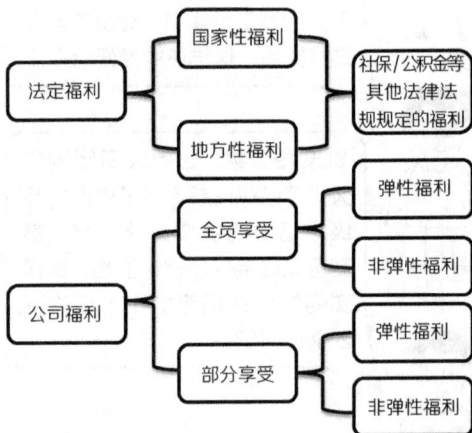

法定福利是相关法律法规明文规定的福利。这类福利是强制性的，它是所有政策覆盖范围内的公司都要遵守并且执行的。

遵守法定福利的公司具备更强的员工激励性，有助于留住人才。

公司福利是公司根据自身情况规定的福利。这类福利通常具备较强的员工激励性，可以作为公司吸引员工、留住员工和激励员工的方式。由于不同公司经营状况、运营特点和管理方式等实际情况不同，公司之间福利的差别比较大。

不同类型公司福利设计参考

公司	年人均福利费（参考）	公司福利设计目的	可选的公司福利项目
初创型或衰退型公司	5 000 元以下	保障基本用人数量规避人才流失	班车、基础培训、岗位轮换、购书学习补助、师徒奖励、补充商业保险、节日礼品、生日礼品、灵活的假期、书报费、员工体检、灵活的工作时间和地点等
成长型公司	5 000~10 000 元	吸引人才留住人才	除可选初创型公司福利项目外，这类型的公司还可选技能培训、拓展训练、补充医疗保险、团队建设费用、防暑降温福利、取暖福利、带薪旅游、婚丧嫁娶病慰问金、员工奖学金等
稳定型或盈利良好的公司	10 000 元以上	稳定人才传播公司文化	除可选初创型和成长型公司福利项目外，这类型的公司还可选在职教育、出国学习、考证奖励、补充养老保险、低息贷款、健身活动、特别奖励、子女托管或教育、家属附带医疗疗养、家属慰问金、咨询服务（理财、心理、健康、婚姻等方面）、员工茶点、文化娱乐活动、其他现金补贴等

弹性福利设计的常见种类

弹性福利,也叫菜单式福利,是公司给所有员工提供的除衣、食、住、行等通用福利之外,比较个性化的、可选的福利形式。弹性福利可以解决公司为员工提供福利,又无法获得员工认同的窘境。要想提高员工的满意度、忠诚度和敬业度,公司可以根据自身的情况,灵活地为员工提供更多"可选择的菜单"。

节日福利可以包括节假日福利,例如端午节、中秋节、春节等节假日公司所发放的福利由员工选择;还可以包括公司举办的活动,例如体育赛事、健身运动、亲子活动、相亲活动等员工有选择性参加的活动。

公司可以为员工提供社会保险之外的附加保险,用于保障员工在发生大病后,医疗支出较多时无后顾之忧,并且可以帮助员工找到更好的医疗资源,所面向的对象除了员工本人以外,还可以包括员工的父母、配偶或子女等。

节日福利

健康管理

补充保险

对可能存在职业病风险的岗位或健康状况较差的员工,公司可以为他们提供诸如体检、健身、健康状况分析、疾病预防讲座、健康咨询和指导等福利,为员工提供有针对性的科学健康信息并在公司能力范围内创造条件或采取行动改善员工的健康状况。

绩效奖励

其他福利

这是对绩效奖励的灵活兑现,绩效奖励不一定要发奖金,员工可以自主选择奖励方式。公司采用科学的方法,通过对员工个人或群体的行为表现、劳动态度、工作业绩以及综合素质的全面检测考核、分析和评价,以更加灵活的福利形式表彰优秀的员工或群体。

其他福利包括灵活的工作时间、养老服务计划、定制化年金、除法律规定外的带薪休假、冬季的取暖费、少数民族补贴、妇女卫生补贴、生日福利、劳动安全卫生保护福利、外出培训、学习深造的机会等。

小贴士

每个员工的情况不一样,对福利的期望也不一样。公司统一给员工提供的,员工不一定喜欢,所以可能不具有激励性。但员工自己的选择,能满足他自己个性化的需求,这种福利形式通常比通用福利更有效,更具备激励性,更能满足员工需求。因此,弹性福利能够在最大化激励效果、最大化外部效应的同时,最小化财务费用。

2.3.2 股权激励：上不上市都能用

🔒 **问题场景**

都说股权激励是个好工具，能长期激励和留住员工，我实施股权激励之后的效果却不理想。

股权激励也不是万能的，要想有效地实施，需要具备一些基本的条件。你是怎么实施股权激励的呢？

我承诺几个核心管理层的员工只要其在公司工作的时间满 15 年，并且公司业绩保持连续 3 年正增长，我就给他们每人 0.5% 的股权。

这听起来就没有什么激励性，难怪会没有效果。

为什么？这有什么问题吗？

你只是站在公司的角度考虑，没有站在员工的角度考虑。员工会想：15 年后，你的公司在不在还不知道呢。

的确，但我觉得公司已经愿意付出很多了，可是员工却无感。

这个股权激励方案对员工来说不经济。

问题拆解

如果公司抱着员工应该与公司"有福同享，有难同当"的初衷实施股权激励，公司发展好时员工预期收益很高，公司发展不好时员工预期收益很低，那么这一激励措施很难起到激励效果。因为公司发展的不确定性太大，股权激励最后很可能变成"空头支票"，对员工来说风险太高。相反，公司应当抱着"论功行赏"的初衷实施股权激励。不论公司发展得怎么样，只要员工有功劳，公司就给员工兑现相应的物质激励。

工具介绍

股权激励

股权激励指的是员工达到某种条件后，能够获得公司股权的物质激励形式。股权激励本质上解决的是员工认为自己"为了谁工作"的问题。股权激励是一个在公司治理方面倍受欢迎的"锦囊"，它能够绑定员工和公司之间的利益关系，让员工和公司之间形成利益共同体的关系，让员工更直观地感受到工作是为了自己，从而激发员工的内在驱动力，让员工更加尽职尽责，有效地激励和留住员工，让员工为公司做好长期服务。

创业公司早期缺乏吸引和留住高端人才的资本，财务压力比较大，难以支付高薪酬，股权激励可以有效缓解这些问题。

股权激励常见的 7 种形式

通过股票增值权的方式，员工可以从期初认购股票的价格与期末股票市价之间的增值部分中获益。这种方式并不意味着员工实际购买股票，而是获得了这部分股票增值后的收益权。股票增值权行权的方式可以是现金、福利、实际股票或几种方式的组合。

限制性股票是指公司事先给员工一定数量的股票，但公司对这部分股票的获得条件和出售条件等会有一定的限制。例如，只有当员工在本公司服务满5年时，才能获得这部分股票；5年后公司的经营业绩提升一倍时，员工才可以卖出这些股票变现。

账面价值增值权是指员工在期初按照每股净资产购买一定数量的公司股份，在期末时，再按照每股净资产的期末值回售给公司。在实务中这一激励形式有两种操作方式：一种是员工真实购买；另一种是虚拟购买，在这个过程中员工甚至不需要支付资金。

虚拟股票是公司向员工发放虚拟股票，事先约定如果公司业绩较优或实现某个目标时，员工可以按此获得一定比例的分红。但如同它的名字一样，虚拟股票其实不属于法律意义上的股权激励，不具备实际的所有权，不能转让或出售，通常也不具备表决权。

限制性股票
虚拟股票
账面价值增值权
股票增值权
直接持股
年薪虚股制
股票期权

直接持股是当员工达到某项条件时，公司直接转让股票，在股价提高或降低时，员工获得增长或减少的账面价值，在股票溢价卖出时，员工获得收益。

股票期权是指公司给员工一种权利，让其可以在规定的时期内以事先约定的价格购买一定数量的本公司流通股票。如果到了那个时期，员工发现行权并不合适，也可以选择不行权。

年薪虚股制是公司将员工年薪中的一部分奖金以虚拟股票的形式体现，规定员工一定的持有期限，到期后，按照公司业绩一次性或分批兑现。这种方式会将员工和公司的利益捆绑，将员工收益的时间线拉长。

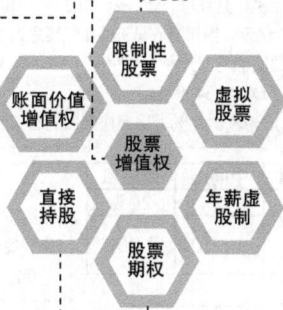

虚拟股权通用实施步骤

虚拟股权是非上市公司比较常见的长期激励方式。虚拟股权因不涉及公司真正股权的变更，操作时又可以具备实际股权的权益，行权和除权比较灵活，所以被许多公司采用。尤其是随着华为公司的崛起，华为的虚拟股权设计被越来越多的人了解并认可。

1 确立激励对象范围

公司要明确虚拟股票准备发放和激励的对象是哪类人群。和短期激励的原理一样，股权激励的目的也同样应聚焦于结果，以结果为导向。对于个体员工而言，结果一般指的是绩效，而不是工作年限、资历、学历、综合素质或者其他与绩效不直接相关的事项。

2 明确持股数量的变化规则

虚拟股票的持股数量应有一定的规则。当员工达到什么条件时，应持有多少的虚拟股票。确定持有虚拟股票的数量都与哪些因素有关，最常见的相关因素有绩效和职务。如果公司考虑员工的稳定性，那么也可以加入司龄这一因素。

例如，某公司规定，根据员工的绩效和职务，员工每年可购买的虚拟股数量上限的规则如右表所示。

职务	绩效			
	A	B	C	D
副总经理	15 000	10 000	5 000	0
总监	12 000	8 000	4 000	0
经理	9 000	6 000	3 000	0
主管	6 000	4 000	2 000	0
员工	3 000	2 000	1 000	0

据表中规则，每年随着员工职务、绩效的变化，员工可购买的虚拟股票数量也会随之变化。一般来说，员工离职后，其享受的虚拟股票也自动消失。

3 确定股权分红办法

公司内部应先设立股权分红基金，根据公司业绩的完成情况，参照分红基金，制订股权提取和分红计划。一般来说，分红基金提取与净利润和年终奖金有关。

例如，某公司年终虚拟股权分红基金方案的测算是根据公司上一年度的年终奖金和净利润，再用 1 ~ 2 的调整比例，测算分红基金的比例和分红额，呈报公司的决策层做决定。

该公司某年度的净利润为 1 亿元，当年发放员工的年终奖金为 1 000 万元，年终奖金与净利润的比值为 10%。
则该年度分红基金比例的最高值为 10%×2=20%。
分红基金比例的中间值为 10%×1.5=15%。
分红基金比例的最低值为 10%×1=10%。呈报决策层的虚拟股权分红基金方案如下表所示。

类别	最低值	中间值	最高值
分红基金比例	10%	15%	20%
分红基金额（万元）	1 000	1 500	2 000

公司为了减少每年经营业绩的波动性对员工分红的影响，平滑员工每年的总收入，可以适当采取延期分红的措施。例如每年发放分红基金的 80%，剩下的 20% 结转到下一年。每年按此方式滚动计算实际发放的分红基金。

4 确定每股分红金额

虚拟股权的每股分红金额＝当年拟发放的分红基金÷拟参与分红的虚拟股权总数。
员工应发分红金额＝员工持有参与分红的虚拟股权总数×虚拟股权的每股分红金额。

例如，某公司年终拟发放分红 100 万元，参与分红的虚拟股权总数为 10 万股，张三拥有虚拟股权 0.8 万股，则张三当年应发的虚拟股权分红金额 =100÷10×0.8=8（万元）。

小贴士

在选择股权激励的激励对象时，除了人员较少的创业型公司，一般不建议以全体员工为激励对象。即便是一直强调 100% 由员工持有股份的华为公司，也是华为股份 100% 由员工持有，不是 100% 的华为员工持有华为的股份。

2.3.3 合伙人制度：为自己打拼

🔒 问题场景

听朋友说合伙人制度做员工激励挺有效的，不过我的公司不是合伙制公司，应该没法实施合伙人制度吧？

合伙人制度的实施不限于合伙制公司，不是合伙制公司一样可以运用合伙人制度做员工激励。

这样啊！那我可以在公司里推行合伙人制度试试。

虽然合伙人制度不只合伙制公司可以使用，但也不是想用就能用的。

怎么说呢？

合伙人制度的激励对象范围比股权激励小，实施条件也比股权激励更苛刻。

因为合伙人制度主要是用来激励合伙人的，是吗？对非合伙人激励程度不大。

是的，合伙人制度激励和约束的对象一般是公司的重要关联人，或者对公司经营发展有重大影响的人。

问题拆解

合伙人制度在激励效果上好于股权激励，但是激励对象的范围比股权激励小。合伙人制度的合伙人要谨慎选取。一般来说，对于有持续资源支持的创业元老、公司关键位置的少数高管、掌握核心技术的关键人才，公司可以考虑实施合伙人制度。

工具介绍

合伙人制度

合伙人制度是指由 2 个或 2 个以上的合伙人拥有公司，共享公司的经营成果，共担公司的经营风险的制度。合伙人制度中的合伙人是公司的股东，可以参与公司的经营，也可以仅出资不参与公司的经营。合伙人制度比股权激励制度具有更强的激励性，员工成为公司的合伙人之后，在一定程度上成为了公司的主人。合伙人的人员数量没有限制，对当前员工实施合伙人制度，一般的目的是充分激励部分高级人才的积极性，并有效留住高级人才。

常见的 3 种合伙人类型

普通合伙人
（ General Partner, GP ）
普通合伙人的模式适用于合伙制公司或有限合伙公司。普通合伙人对公司的经营承担责任，对公司的债务承担无限连带责任。

有限合伙人
（ Limited Partner, LP ）
有限合伙人的模式适用于有限合伙公司。有限合伙人根据其出资比例，承担有限的责任。有限合伙人相当于投资人，不能代表公司，没有重大的决策权。

增值合伙人
（ Operator Partner, OP ）
增值合伙人制度适用于有限责任公司和个体公司。增值合伙人不承担公司的经营风险，但需要承担经营责任，保证公司达到经营目标。增值合伙人可以根据价值进行多次利益分配，享有晋级制度和灵活退出机制。增值合伙人的选拔注重其拥有的人脉、价值或资源等。

阿里巴巴的合伙人制度解析

阿里巴巴的合伙人制度体系设有合伙人委员会。合伙人委员会的主要职责包括：负责管理合伙人的选举，审核并决定被提名的候选人能否作为正式候选人参选新增合伙人；提议和执行高管年度奖金池分配，包括向董事会的薪酬委员会提议高管的年度奖金池，并在董事会薪酬委员会的同意下给公司管理人员和合伙人分配奖金。合伙人的进入与退出机制都在合伙人制度体系下完成，由合伙人委员会或合伙人内部决定，无须经过阿里巴巴的股东大会。

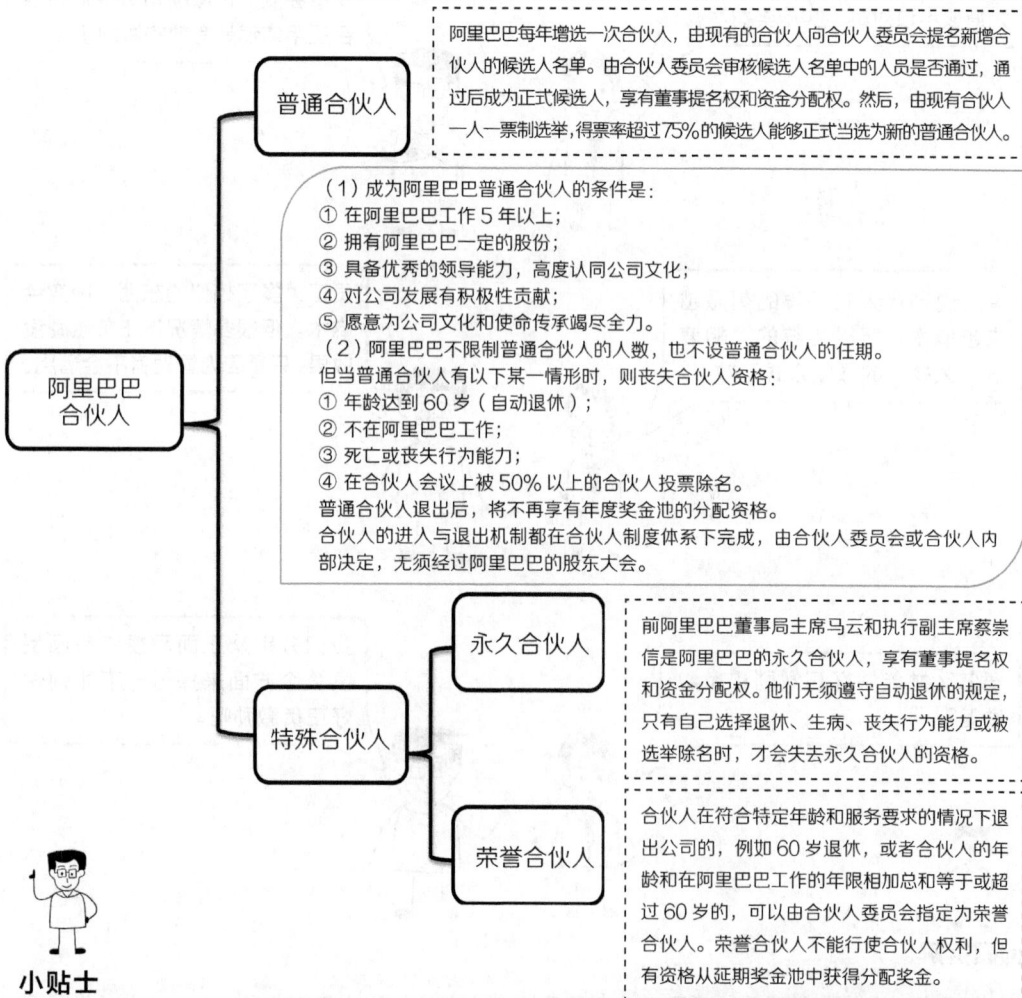

普通合伙人

阿里巴巴每年增选一次合伙人，由现有的合伙人向合伙人委员会提名新增合伙人的候选人名单。由合伙人委员会审核候选人名单中的人员是否通过，通过后成为正式候选人，享有董事提名权和资金分配权。然后，由现有合伙人一人一票制选举，得票率超过75%的候选人能够正式当选为新的普通合伙人。

阿里巴巴合伙人

（1）成为阿里巴巴普通合伙人的条件是：
① 在阿里巴巴工作5年以上；
② 拥有阿里巴巴一定的股份；
③ 具备优秀的领导能力，高度认同公司文化；
④ 对公司发展有积极性贡献；
⑤ 愿意为公司文化和使命传承竭尽全力。
（2）阿里巴巴不限制普通合伙人的人数，也不设普通合伙人的任期。
但当普通合伙人有以下某一情形时，则丧失合伙人资格：
① 年龄达到60岁（自动退休）；
② 不在阿里巴巴工作；
③ 死亡或丧失行为能力；
④ 在合伙人会议上被50%以上的合伙人投票除名。
普通合伙人退出后，将不再享有年度奖金池的分配资格。
合伙人的进入与退出机制都在合伙人制度体系下完成，由合伙人委员会或合伙人内部决定，无须经过阿里巴巴的股东大会。

特殊合伙人

永久合伙人

前阿里巴巴董事局主席马云和执行副主席蔡崇信是阿里巴巴的永久合伙人，享有董事提名权和资金分配权。他们无须遵守自动退休的规定，只有自己选择退休、生病、丧失行为能力或被选举除名时，才会失去永久合伙人的资格。

荣誉合伙人

合伙人在符合特定年龄和服务要求的情况下退出公司的，例如60岁退休，或者合伙人的年龄和在阿里巴巴工作的年限相加总和等于或超过60岁的，可以由合伙人委员会指定为荣誉合伙人。荣誉合伙人不能行使合伙人权利，但有资格从延期奖金池中获得分配奖金。

小贴士

阿里巴巴的合伙人通过合伙人制度体系，在董事会成员的提名和任免方面，取得了超越股东的权力，保证了对公司经营的绝对控制权体系。通过合伙人制度体系，阿里巴巴的合伙人即使只持有公司比较少的股份，也能够控制公司，并借此对现任的合伙人实施激励。

第3章　正负激励

有人说"胡萝卜＋大棒"的激励方式已经过时了，我现在都不知道该不该对员工实施奖罚了。

只要人性不变，激励方式的大思路就不会变。正激励和负激励的组合运用依然是有效的激励手段。

有人说当代人对外界的刺激越来越麻木，所以传统的"胡萝卜＋大棒"的激励方式无效。

员工见多了相似的东西，确实会麻木。但很多情况下正负激励没效果，只是因为管理者不会运用。

要怎么才能做好正激励和负激励呢？

我们分别从正面反馈和负面反馈2个方面来探讨一下如何做好正负激励吧。

问题拆解

"胡萝卜＋大棒"指的是"正激励＋负激励"，是比较传统的员工激励方式。实施正负激励的前提是健全的规则系统，有了明确的规则，管理者实施正负激励才有依据。除了规则系统中的规则外，管理者在日常工作中对员工实施的正面反馈和负面反馈同样是一种正负激励方式，能够起到激励效果。

3.1 正面反馈

对员工的正面反馈是一种成本比较低，但效果比较好的激励方式。正面反馈不仅能够让员工有存在感，而且能给员工较大的满足感。这种存在感和满足感的双重满足，能够激励员工采取行动。

🔒 问题场景

我听到很多管理者反映员工队伍的素质和能力低，想换人。我还没批准，主要是担心换了员工之后，该员工队伍不一定会更好。

如果管理者只盯着员工的缺点，不论换什么样的员工，他们都不会满意。

你的意思是，这个问题很可能是管理者的问题，而不是员工的问题。

是的。首先从管理者身上找原因，再从员工身上找原因。用人，要扬其长，避其短。

嗯，如果总盯着员工的缺点，那么天下无可用之人；如果能够发现员工的优点，那么天下皆可用之人。

所以，管理者要学会发现员工的优点。把发现员工的优点当作一项重要的工作或技能，养成发现员工优点的习惯。

我一直觉得管理者的很多能力是自然形成的，现在看来真的应该让管理者刻意学习。

对于发现员工的优点这一技能，管理者确实需要刻意学习。因为大多数管理者习惯盯着员工的缺点。

问题拆解

很多管理者总是盯着员工的缺点，想通过改变员工的缺点来改变员工的行为。如果员工的缺点难以改变，他们就认为员工的素质或能力低。换人之后，又是这样的循环。每个人都有优点和缺点，对于成年人来说，个性是难以改变的。管理者与其总盯着员工的缺点，不如学着发现和利用员工的优点。

工具介绍

发现优势

每个员工都有优势，也有劣势。世界上不存在只有优势的员工，也不存在没有优势的员工。有优势，就意味着有发挥空间，有用武之地，有擅长领域。管理者要学会发现员工的优势，根据员工的优势安排工作，扬长避短，不要总盯着员工的劣势。另外，管理者在发现员工的优势之后，除了要合理运用员工的优势外，还要马上赞美员工的优势，让员工继续保持和发扬自己的优势。

管理者应如何发现员工的优势

张明　　　李红　　　王锐

拿出一张纸，写下员工的名字。

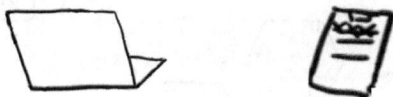

在员工的名字后面，分别写出他们的 5 ～ 10 个优势。

根据这 5 ～ 10 个优势，写出他们各自擅长的领域。

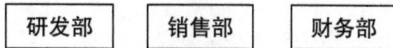

研发部　　销售部　　财务部

根据他们各自擅长的领域，分别写出适合他们的工作。

管理者赞美员工优势的注意事项

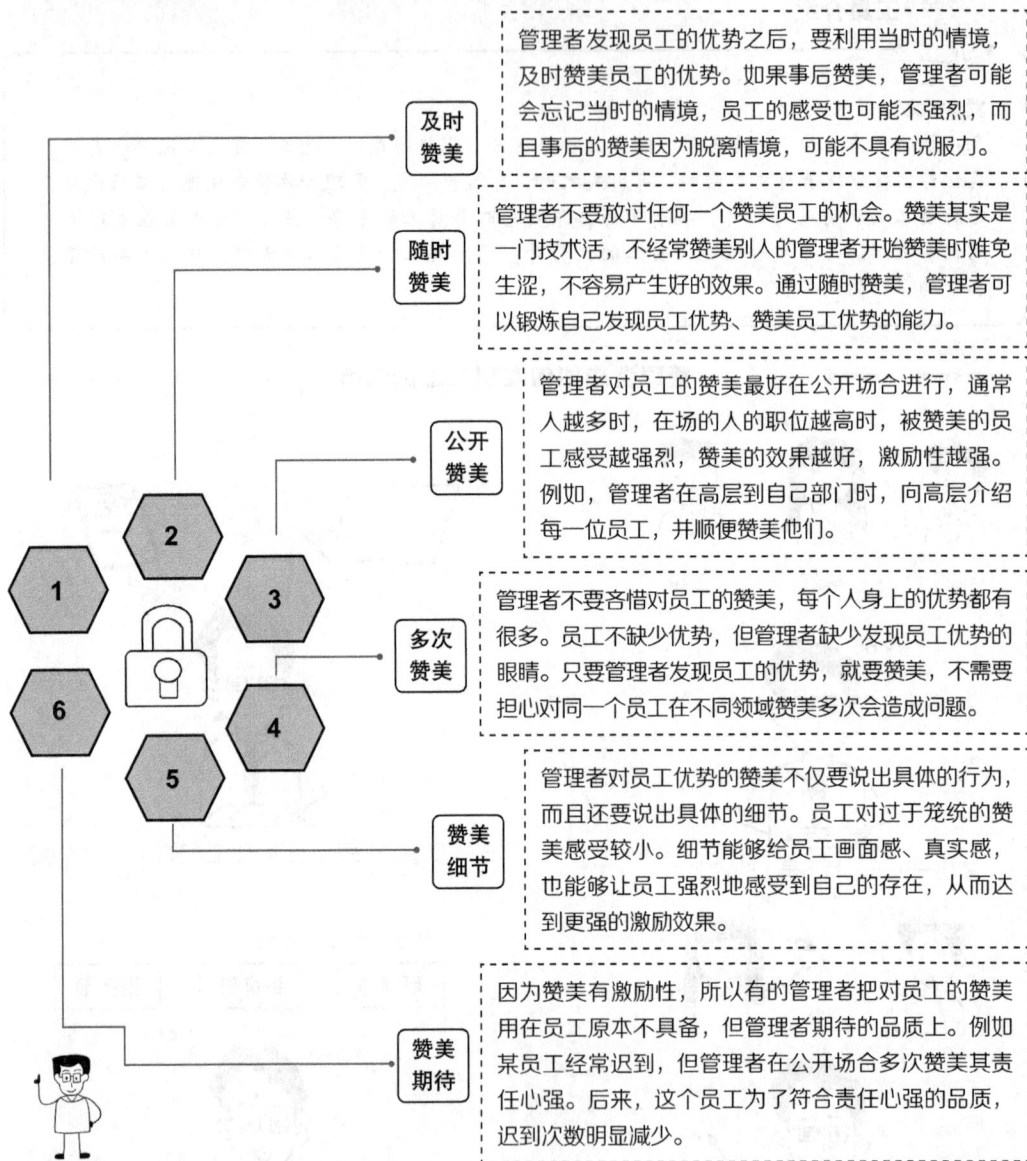

及时赞美

管理者发现员工的优势之后，要利用当时的情境，及时赞美员工的优势。如果事后赞美，管理者可能会忘记当时的情境，员工的感受也可能不强烈，而且事后的赞美因为脱离情境，可能不具有说服力。

随时赞美

管理者不要放过任何一个赞美员工的机会。赞美其实是一门技术活，不经常赞美别人的管理者开始赞美时难免生涩，不容易产生好的效果。通过随时赞美，管理者可以锻炼自己发现员工优势、赞美员工优势的能力。

公开赞美

管理者对员工的赞美最好在公开场合进行，通常人越多时，在场的人的职位越高时，被赞美的员工感受越强烈，赞美的效果越好，激励性越强。例如，管理者在高层到自己部门时，向高层介绍每一位员工，并顺便赞美他们。

多次赞美

管理者不要吝惜对员工的赞美，每个人身上的优势都有很多。员工不缺少优势，但管理者缺少发现员工优势的眼睛。只要管理者发现员工的优势，就要赞美，不需要担心对同一个员工在不同领域赞美多次会造成问题。

赞美细节

管理者对员工优势的赞美不仅要说出具体的行为，而且还要说出具体的细节。员工对过于笼统的赞美感受较小。细节能够给员工画面感、真实感，也能够让员工强烈地感受到自己的存在，从而达到更强的激励效果。

赞美期待

因为赞美有激励性，所以有的管理者把对员工的赞美用在员工原本不具备，但管理者期待的品质上。例如某员工经常迟到，但管理者在公开场合多次赞美其责任心强。后来，这个员工为了符合责任心强的品质，迟到次数明显减少。

小贴士

员工被管理者赞美时，会产生一种"被看见"的感觉，这种感觉会给员工强烈的存在感，让员工感受到自己在团队中的价值和意义，从而对员工产生较强的激励效果。通过管理者对员工优势的赞美和运用，员工的优势将会越来越明显。

3.1.2 表扬行为：夸对行为才有效

公司有些员工的行为习惯非常不好，我提醒过管理者多次，管理者也在部门强调过多次，可员工的这种行为习惯丝毫没有改变。

改变员工行为最好的办法不是批评、指正、纠偏，而是**表扬**。

什么？我没听错吧？表扬是改变员工行为最好的方法？

是的，对员工好的行为做正面评价，效果远远要好于对员工不好的行为做负面评价。

为什么会这样？这样真的有效吗？

对不好的行为做负面评价虽然员工可能不会继续产生该行为，但也很难让员工产生好的行为。

原来如此，看来我得让管理者养成多做正面评价，少做负面评价的习惯。

这样做也会让公司多些正能量，少些负能量。同一时间，员工只能做出一类行为。我们的目的是用好的行为代替不好的行为，而不是单纯去掉不好的行为。

问题拆解

当员工做出好的行为时，如果马上受到正面评价，那么员工将获得满足感，会偏向于再次表现出该行为。当员工做出不好的行为时，如果受到负面评价，那么员工的存在感将受挫，虽然可能不会再表现出不好的行为，但也不会表现出好的行为。改变员工行为最好的办法是管理者通过正面评价引导员工做出公司想要的行为。而很多公司的管理者，做负面评价的次数远大于做正面评价的次数。

👤 **工具介绍**

表扬

表扬是管理者对员工的肯定。管理者表扬员工什么，员工就会持续表现什么。管理者如果希望看到员工持续表现某种行为，那么就可以针对该行为对员工实施表扬。管理者对员工实施表扬是有方法和技巧的，最好的表扬时机是在员工刚出现某种行为时。

员工在哪些常见时刻值得表扬

员工表现出公司想要的状态时

我又拿到了这个月的绩效奖金！

例如，员工在日常工作中表现出努力上进的状态，而这种状态恰好是公司鼓励的，和公司的文化、价值观相匹配的，公司管理者想看到的。

虽然这个项目有失败的风险，但是我一定要坚持完成！

员工失败但表现出优秀品质时

例如，员工参与的某项目虽然以失败告终，但是员工在这个项目中表现出了不屈不挠的精神，在项目很可能失败的情况下，还是坚持到了最后。

我把之前的工作经验传授给你们。

员工做出有利于公司的行为时

例如，老员工主动帮助新员工提升个人能力，解决工作中的问题，让新员工快速进入工作状态，这类行为有助于公司减少培养人才的成本。

管理者表扬员工的 6 大注意事项

不要在实施表扬之后立即实施批评

很多员工在听惯了"三明治"式的表扬（表扬—批评—表扬），已经对表扬麻木，在管理者实施表扬之后，下意识地等待着管理者说"但是"。这样的表扬会让员工觉得不真诚，员工会觉得管理者的目的实际上是批评，而不是表扬。

不要在实施表扬之后对员工提要求

有的管理者把表扬当成给员工布置工作的开场白，觉得这样做员工会比较容易接受比较难的工作任务。但长期这样做，员工会觉得管理者的表扬不过是给自己"戴高帽"，是为了让自己承担更多工作。这样同样让表扬失去了激励的效果，甚至引发员工的反感。

不要把表扬变成对别人的批评

有的管理者对某员工实施表扬时，一定要带上对其他人的批评，或者让其他人学习被表扬的对象，这样会给被表扬的对象很大压力，无法起到激励效果。例如有的管理者对一个 10 人项目小组中的其中 1 位员工说"这个项目全靠你"。这种表扬今后将会给这个员工造成比较大的团队氛围压力。

表扬的表达要真诚

有的管理者在实施表扬时让人觉得很不真诚，应付了事。他们把表扬当成了一种工作任务，给员工一种"走过场"的感觉。这种表扬让员工的体验感很差，长期下去，员工将分不清楚管理者什么情况下是对自己真的肯定，什么情况下是虚情假意。

表扬的程度要适度

有的管理者对员工的表扬过于夸大，这样会让表扬变得虚假，而且会给员工错误的导向。例如，有的管理者对员工说"你真是太厉害了""你真是无所不能""就没有你办不成的事儿"，这种表扬虽然在表达上比较强烈，容易给员工留下印象，但过于虚假。

表扬的内容要具体

有的管理者表扬员工的言辞过于笼统，例如表扬员工"很好""很棒"。这种过于笼统的表扬不仅让员工没有感觉，而且会让员工产生一种错误的代入感，以为自己不论在什么情况下都"很好""很棒"。管理者实施表扬时应当具体到行为，具体到品质。

小贴士

同样是表扬，实施得当的管理者能让它"千金难买"，实施不当的管理者会让它"一文不值"。每个人都不是天生就懂得如何表扬别人，他人实施的有效的表扬方式不一定适合每一个管理者。管理者要学会表扬，要让表扬成为有效的激励方式，管理者要抓住每一次表扬员工的机会，发现自己在实施表扬中的问题，找到适合自己的表扬方式。

3.1.3　即时奖励：时间有时是敌人

🔒 **问题场景**

公司中有的员工偶尔会做出很好的成绩，我还期待这类员工能够再做出更好的成绩，但再也没有后续了。

看来你们公司没有鼓励这类员工持续做出优秀成绩的有效激励手段。

这也可以通过员工激励的方式实现吗？

当然可以，只要员工曾经能做出好成绩，理论上就存在再次做出好成绩的可能性。

那要怎么激励员工继续做出好成绩呢？

这里的关键是要**即时奖励**，就是在员工做出好的行为或结果时，马上对其奖励。

奖金发得太频繁了会不会产生反效果？

即时奖励中的"奖励"指的不仅是奖金，只要是**正面反馈**都可以。

问题拆解

很多管理者对激励的时效性不重视，觉得只要员工做出贡献后能够得到奖赏，就算是完成了激励。实际上，如果激励延期，那么员工的感受会大幅度下降。这样做，当员工获得激励时，可能已经忘了自己为何获得激励。激励只有具备即时性，才能发挥好的激励效果。

工具介绍

即时奖励

即时奖励指的是当员工做出一定成绩，或者达到公司规则系统中的奖励条件时，管理者要即时对员工实施奖励，不要延期，更不能不奖励。即时奖励能够在短时间内给员工较强的思想冲击，能产生较强的激励感。即时奖励不仅对员工本人有效果，对其他知道该"即时奖励"的员工，也有较强的激励性。即时奖励特别适合应用在业绩导向比较强的团队中。注意，即时奖励中的"奖励"指的不仅是物质激励，还包括精神激励。只要是正面反馈、正向激励，都可以算奖励。很多时候，管理者恰到好处的一句鼓励，能够让员工受到很大激励。

即时奖励的几种常见应用场景

我拿到了凯迪公司的订单!

员工拿下大客户订单后，管理者立即带领整个团队鼓掌庆祝。

大家的业绩非常棒，这是奖励大家的!

员工业绩有较大突破时，管理者立即召开临时会议当众发放奖金。

你带领团队完成这项任务，奖励你此称号。

优秀员工

员工完成重要项目时，管理者立即在晨会上公开表扬该员工。

影响管理者做出即时奖励的因素

完成这点任务就奖励的话有点早，以后再说吧！

私下奖励你的，要再接再厉！

有的管理者没有真正理解即时奖励的好处，认为给员工的奖励早一点、晚一点都不要紧；有的管理者对员工不在意，觉得对待员工不需要那么上心。如果管理者不重视即时奖励和员工，那么将很难起到激励的效果，很难让激励真正影响员工的行为。

不想用

不会用

不能用

有的管理者知道即时奖励重要，但是不会有效地运用。例如有的管理者对员工即时奖励不公开进行，私下里奖励员工；有的管理者对"即时"这个概念有误解，认为"即时"就是"近期"，而不是"立即""马上"。

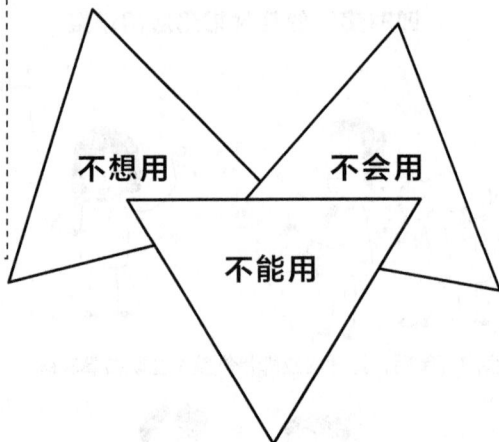

经理，您批一下这些员工的奖金申请。

有的管理者重视即时奖励，也知道如何运用即时奖励，但是却没有即时奖励员工的权限。例如有的公司给员工发奖金必须由公司总经理亲自签批，走完整个审批流程至少需要 3 天，这将导致错过即时奖励的最佳时期。

小贴士

即时奖励的激励性也源于通过管理者实施即时奖励，能够增加员工对公司规则系统的确定性。这种确定性，让员工们清晰地知道，当他们达到某种成绩或做出某种行为时，能够在公司的规则系统之下，获得即时奖励。

3.2　负面反馈

　　负面反馈有助于让员工不再做出公司不想见到的行为。当员工做出公司不想见到的行为时，管理者要及时对员工做出适度的负面反馈，让员工停止该行为，并防止员工再次做出类似的行为。

3.2.1　挫折激励：失败是成功之母

🔒 **问题场景**

最近公司开展的几个项目都失败了，公司的损失比较大，有些员工的情绪也比较低落。

失败也是一种资源，如果项目失败员工却无感，那是一种资源的浪费。不如运用这种资源来激励员工。

项目失败也可以用来激励员工吗？

对。通过失败顺势激励员工，是对员工的**挫折激励**。

这种挫折激励能够把员工从低落的情绪中拉出来，让员工重新燃起信心吗？

如果运用及时、得当的话，是可以的，而且还可以增强员工抵御挫折的能力。

那我要让管理者学习这种方法，既然项目上的失败已经付出成本了，不如借此来让团队变得更强大。

其实不只公司的项目遇到挫折，员工在平时工作和生活中总会遇到各种各样的挫折，这时管理者都可以运用挫折激励。

问题拆解

员工遇到挫折时，可能会出现心灰意冷的负面情绪，从而影响员工的工作热情和积极性。这时，如果管理者置之不理，这种挫折可能会影响员工的正常工作状态；如果管理者能够及时对员工实施挫折激励，让员工正视挫折，那么这种挫折可能会转化为员工行动的动力。

📋 **工具介绍**

挫折激励

挫折激励指的是当员工因为工作或家庭原因遇到挫折，影响工作状态时，管理者对员工采取的宽容、关心、支持、引导、培养、鼓励等激励方式。挫折激励能够化被动为主动，变不利为有利，化挫折为动力，能让员工对工作重燃信心。挫折激励能够改变员工看待挫折的角度，让员工具备遇到挫折迎难而上的精神，从而让员工创造出更大的价值。

管理者应如何运用挫折激励

> 经过上次的教训，我把此次任务做到了尽善尽美。

> 这次项目不完美，你能做到更好。

给员工适度的工作压力	给员工证明自己的机会	给过分自信的员工一定挫折感	让员工提升自己的能力
如果员工工作压力太小，那么工作带来的成就感会比较弱，员工获得的激励感也会比较弱；如果工作压力太大，员工可能会选择放弃，心灰意冷。所以适度的工作压力，有助于员工达到最佳的激励条件。管理者要管控员工的工作压力，用适度的工作压力给员工带来适度的挫折感，这有助于激励员工。	当员工出现错误之后，就算管理者没有责怪，员工也会产生挫败感。这时，员工期望通过其他事件证明自己的能力和价值。管理者在鼓励员工的同时，可以给员工创造将功补过、纠正错误的机会。这时，员工会加倍珍惜这个机会，更渴望抓住机会，认真工作。	有的员工在平时工作中表现出盲目的自信，这种盲目的自信很可能让员工在工作中"栽跟头"。员工盲目自信的原因通常是没有品尝过挫折的滋味，这时，管理者可以给员工创造一个"犯小错误的机会"，给员工一定的挫折感，同时帮助员工弥补这个错误，让挫折帮助员工成长。	管理者的挫折激励有助于员工形成自我抵御挫折的能力。通过管理者不断对员工实施挫折激励，员工内心的力量会逐渐变得强大，心智模式会逐渐趋于成熟，逐渐形成自我激励。当再次遇到挫折时，员工可能会更加理性地看待挫折，更加快速地走出挫折，更积极地应对挫折，更加有效地处理挫折。

员工产生挫败情绪后，管理者应如何激励员工

总结经验有助于员工客观分析失败的原因，养成好的习惯，防止再出现同样的问题。管理者可以与员工一起总结失败的经验，查找问题，帮助员工少走弯路。

挫折有助于员工重新认识自己。通过挫折，管理者可以和员工一起评估员工的能力，帮助员工客观地看清自己的能力，认识到自己的能力边界，梳理出自己未来的行为边界。

创新通常不会是一帆风顺的，经历失败和挫折是创新的必经之路。管理者对待员工失败与挫折的态度决定了员工对待创新的态度。要鼓励员工创新，管理者要先容忍员工的失败。

管理者可以与员工一起盘点员工的成功经验，在成功经验中总结员工表现出的优秀品质，对比成功的经验和失败的经验，让员工发现问题所在，重新激发员工对工作的信心。

和员工一起总结经验

客观评估员工能力

视挫折为创新必备

盘点员工成功经验

视挫折为成长动力

适时运用岗位转换

有的挫折是因为员工刚开始接触工作，缺乏经验，需要一段时间的适应，所以员工在这个过程中必然会遇到挫折，这时管理者主要做好员工的开导工作，让员工不要畏惧挫折。

有时候员工的挫折源于员工在做不适合自己的工作。员工不擅长，或者不喜欢当前的工作，所以总出现问题，从而产生挫败情绪，这时管理者可以考虑给员工转换岗位。

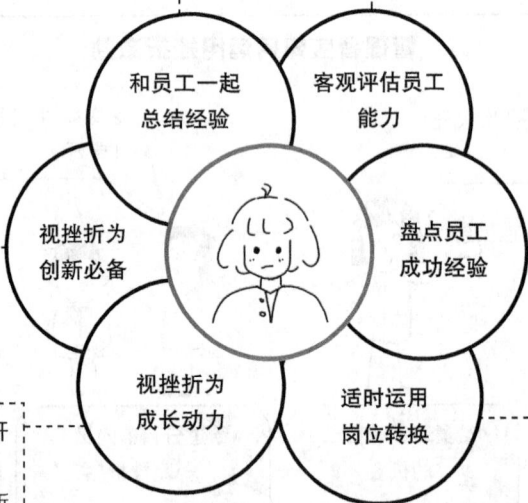

小贴士

当员工处于失败的挫折中还没有走出来时，管理者最好不要马上给员工安排难度较大或时间紧迫的任务。这样做会让员工觉得自己被管理者"逼得太紧"，原来的挫败感可能会转化为对工作的畏惧感。这样不但不会有激励效果，而且还可能打消员工的积极性，是一种有害无益的做法。管理者如果确实需要安排这样的工作任务，应先帮助员工从挫败情绪中走出来，在员工化挫折为动力之后，再做这类工作安排。

3.2.2 批评问题：选对象的重要性

说了那么多正向激励的话题，我都觉得管理者不该批评员工了。

管理者当然可以实施批评，但是在实施批评时，选择的**批评对象**很重要。

批评对象是什么意思？

就是管理者要批评的是什么？是批评员工本人？是批评员工存在某种品质？还是批评员工的某种行为？

既然是批评员工，当然是批评员工本人了，而且可以顺便批评一下员工身上有，但公司不想见到的品质。

如果这样批评员工，很可能会出问题。批评要做到"对事不对人"，不论什么时候，都不要批评员工的品质。

就算我发现个别员工经常迟到，我也不能批评他们时间观念不强吗？

"员工经常迟到"是员工的事实行为，管理者应该针对这个客观事实实施批评；"时间观念不强"是对员工品质的主观总结评价，并不客观。

问题拆解

管理者在批评员工时，经常陷入对员工个人品质的评价和批评中。任何对员工个人品质的评价都是主观的，这种评价是人为给员工贴上负面标签。没有人喜欢被别人贴上负面标签，所以这样做很容易让员工产生反感和对抗情绪，打消员工的工作积极性。

工具介绍

批评

批评指的是管理者对员工产生的问题提出的纠正意见。批评是一种用来制止或纠正员工行为的负面激励，对员工带有否定性质，管理者应合理、谨慎地应用。当员工做出某种公司不希望看到的行为时，管理者可以通过实施批评，让员工不再做出该行为。但是批评在让员工产生公司想要的行为方面，具有一定的局限性。

管理者应如何实施批评

聚焦批评

管理者对员工的批评要聚焦到具体问题或具体行为，不要批评一些莫须有的概念或主观判断员工。

私下批评

管理者最好在私下实施批评，不要在公开场合批评员工，给员工留足面子。

有序批评

管理者应当先批评员工最严重、对公司影响最大的问题，再批评影响相对较小的问题。

及时批评

管理者对员工的批评反馈要及时，最好在发现问题的当下场景中及时反馈，不要拖延或等待。

中和批评

如果单独使用批评，可能起不到引导员工行为的作用。所以批评最好和正面激励一起使用。

管理者实施批评的注意事项

别批评失败

工作上的失败是由很多因素造成的，有可能员工主观上已经很努力了，做了他能做的全部，但结果却失败了。这时如果管理者直接批评员工的失败，则很可能让员工产生大量的负面情绪，打消员工的工作积极性。

聚焦到事实

管理者对员工实施批评时，要对客观事实提出批评，而不要主观判断员工；要对具体行为做出批评，而不要批评抽象概念。不要对员工评头论足，更不要轻易批评员工的人格。批评事实和行为，更容易让员工接受。

别批评特质

每个员工都有自己的特质，例如有的员工比较内向，有的员工比较外向。员工的特质比较难改变，而且没有好坏之分，管理者应该根据员工的特质安排工作，而不是在发现工作不适合员工特质后，批评员工的特质。

一次一件事

管理者实施批评时，最好一次只针对一个问题实施批评，不要一次批评多个问题，不要一下子让员工接受太多负面信息。否则可能会让员工难以聚焦，不知所措，甚至可能对工作失去信心。

别秋后算账

批评特别忌讳"平时不管、秋后算账"。有的管理者在批评员工时，开场白是"我已经忍你很久了"。可见秋后算账式的批评不仅让员工很难接受，也会让管理者产生积怨，在实施批评时过分表达情绪，导致过度批评产生。

小贴士

如果把表扬和批评比喻为驾驶汽车，表扬就像是控制"方向盘"和踩"油门"，批评就像是踩"刹车"。管理者带团队、管理员工，就像驾驶车，应当在平时控制方向盘，多踩油门，让汽车持续行驶，而不是多踩刹车；只有当遇到危险必须减速或停下时，才有必要踩刹车。

3.2.3 合理惩戒：不烫就不是火炉

🔒 问题场景

如果管理者对员工实施多次批评之后却不管用，该怎么办呢？

这时就得对员工实施必要的**惩戒**了。惩戒的依据正是公司的规则系统。

公司的很多管理者虽然平时都在批评和埋怨员工，却很少实施惩戒。

难道平时就没有员工违反规则的情况发生吗？

当然有，大大小小的违规情况都有。不但有，而且还很多，单我看到的员工迟到就已经不计其数了。

有这么多员工违反规则系统的情况，管理者为什么不实施惩戒呢？

我想是管理者不习惯吧，可能觉得按照规则实施惩戒多少有些不近人情。

如果有了规则却从来不按照规则实施，那么员工的违规情况会越来越严重，规则最终会形同虚设。

问题拆解

很多管理者觉得，管理要人性化，所以当员工违反规则时，管理者有时候会批评员工，有时候睁一只眼闭一只眼就过去了。这种做法让规则变成了一纸空文，让员工不尊重规则，不敬畏规则，不按照规则办事。长期这样下去，必然会引起管理上的混乱，导致员工的行为得不到有效管控。

工具介绍

员工惩戒中的热炉法则

管理者对员工实施惩戒时，要遵从热炉法则。热炉法则指的是公司的规则就像是一个被烧热的炉子，任何人只要轻轻碰到热炉就会被烫伤，同样，只要员工一违反公司的规则，就会被惩罚。热炉法则不仅能够起到惩戒作用，也能够起到警示作用，能有效防止员工违反规则。

热炉法则的应用特征

警示性

热炉被烧红的外观会起到比较强的警示作用，任何人只要看到，就知道不能碰，碰了就要被烫伤。也要让员工事先知道不能违反公司的规则，而且让员工知道违反规则的后果。反观很多公司，明明有规则，但员工却不知道。在员工违规后，管理者才拿规则出来惩戒员工，这样会引起员工的"不服"。

真实性

热炉是真实存在的，不是虚幻的影子，不是吓唬人的道具，碰到时的感受是真真切切的。公司的规则也是真实存在的，不是贴在墙上的纸，如果有员工违规，那么惩戒是不带半点虚假的。

即时性

只要一碰到热炉，马上就会被烫伤，这个过程是瞬时的。公司对于违反规则的员工也应当如此，只要违反规则，就立即惩戒，不要有过多的迟疑或探讨的空间。这样才能保持规则的严肃性，让员工保持纪律性。

平等性

不论谁碰到热炉，都会被烫伤，不会因为某人的职位高，伸手碰了热炉之后就不会被烫伤。公司的规则也应当如此，每个人都应当遵守规则，规则面前人人平等。不论一个人在公司的职位多高，影响力多大，只要违反了规则，都要受到惩戒。

持续性

被热炉烫伤之后，会留下一块伤疤，这块伤疤会隐隐作痛，持续一段时间之后才会痊愈。对违反公司规则的员工的惩戒也应具备这个特点，惩戒实施之后，不仅对被惩戒的员工有效，对没有被惩戒的其他员工也要有一定的震慑效果。

惩戒员工的 3 大法则

公平是指公司要依据规章制度,对同样的情形做出同样的处罚,不管是员工还是领导,无一例外。

公正是指公司要站在中立的位置,不偏袒,不偏激,客观地处理。

公开是指员工违反了规则,必须公开处理,公司不得私自陷害或侮辱员工。

惩戒员工的 3 大注意事项

以事实为依据

以证据为根本

以警示为目的

公司在惩戒违规员工时,要做到以事实为依据。不以事实为依据的惩戒不仅不会被员工接受,而且不会被法律允许。例如,有的管理者觉得员工最近工作不专心,想惩戒员工,让员工专心工作,这是典型的不以事实为依据的惩戒。

以事实为依据进行惩戒的关键是有证据。如果没有证据,管理者不能轻易惩戒员工。证据最好是书面的,如果是员工口头承认的,也可以作为证据,但必须有录音。对于口头的证据,管理者最好让员工签字。

公司惩戒员工只是一种手段,根本目的不在于惩戒,而在于警示。既是给当事员工警示,也是给其他员工警示,希望所有人不要犯同样的错误。所以,公司一定要分清主次,强化教育和警示的力量。能不处罚,尽量不处罚。

小贴士

面对员工的违规行为,管理者往往比较头疼。如果处罚得太轻,不能起到杀鸡儆猴的作用;如果处罚得太重,可能会让员工丧失对公司的信心,导致双方对簿公堂。要恰当处理员工的违纪行为,既做到合理合法,又避免发生劳动争议,管理者要把握好其中的尺度。

第4章 自我激励

探讨完几种激励方法，我觉得管理者要做的工作真的很多，稍有不慎就起不到激励效果。

有一种激励方法，能让管理者不需要持续激励员工，也能让员工得到激励。

有这种方法？是什么？

这种激励方法，就是员工自己对自己实施激励，即自我激励。

如果员工能自己激励自己当然最好了，不过要怎么实现呢？

我们分别从职业发展和目标激励2个维度，来探讨员工自我激励的方法吧。

问题拆解

有一种说法，即评判一个管理者的管理能力，不是看他在时团队怎么样，而是看他不在时团队怎么样。管理者不可能时时看着员工，处处管着员工。当管理者不在时，如果员工不能自己管好自己，那就证明管理还没有到位。所以，最好的激励方式是让员工能够实现自我激励。

4.1 职业发展

　　管理者通过给员工提供晋升发展的机会，为员工建设职业发展通道，帮员工设计专属的职业发展计划，给员工带来希望，让员工对自己产生更好的期待，从而主动对自己严格要求，实现自我激励。

4.1.1　内部晋升：为何不用自己人

最近公司发展得比较快，我准备从外部引进一批管理人员。

为什么不让内部的员工晋升呢？

我觉得内部员工的能力还不足以胜任这些管理岗位。

为什么不培养他们的能力，让他们能够胜任这些岗位呢？

因为这样做有点麻烦，内部员工培养起来比较慢，不如从外部招聘来的人，可以直接上手。

也不见得吧。外部招来的人熟悉公司文化、业务环境也需要一定时间，也不一定可以直接上手。反而内部员工比较熟悉这些。

你的意思是我所有空缺的管理岗位都应该留给内部员工？

大部分管理岗位应该留给内部员工。这样做既能给内部员工提供更多机会，又能鼓励内部员工提升个人能力。

问题拆解

有的管理者持有"外来的和尚会念经"的用人理念，总觉得外部的人才更优秀。实际上，外部的人才由于对公司的实际情况了解少，很难在短时间内创造佳绩，甚至常常"水土不服"，最终不仅导致人才流失，还给公司造成损失。

工具介绍

内部晋升

内部晋升，指的是公司把从事管理岗位或关键岗位的机会留给内部员工，不直接从外部招聘人才担任这类岗位。内部晋升需要公司做好人才规划，提前培养人才，以免公司出现岗位空缺时，人才的能力还不够。公司给员工提供内部晋升的机会，能够增加员工对公司的信赖感和依赖感，能够起到激励员工做好岗位工作的效果。

内部晋升的优势

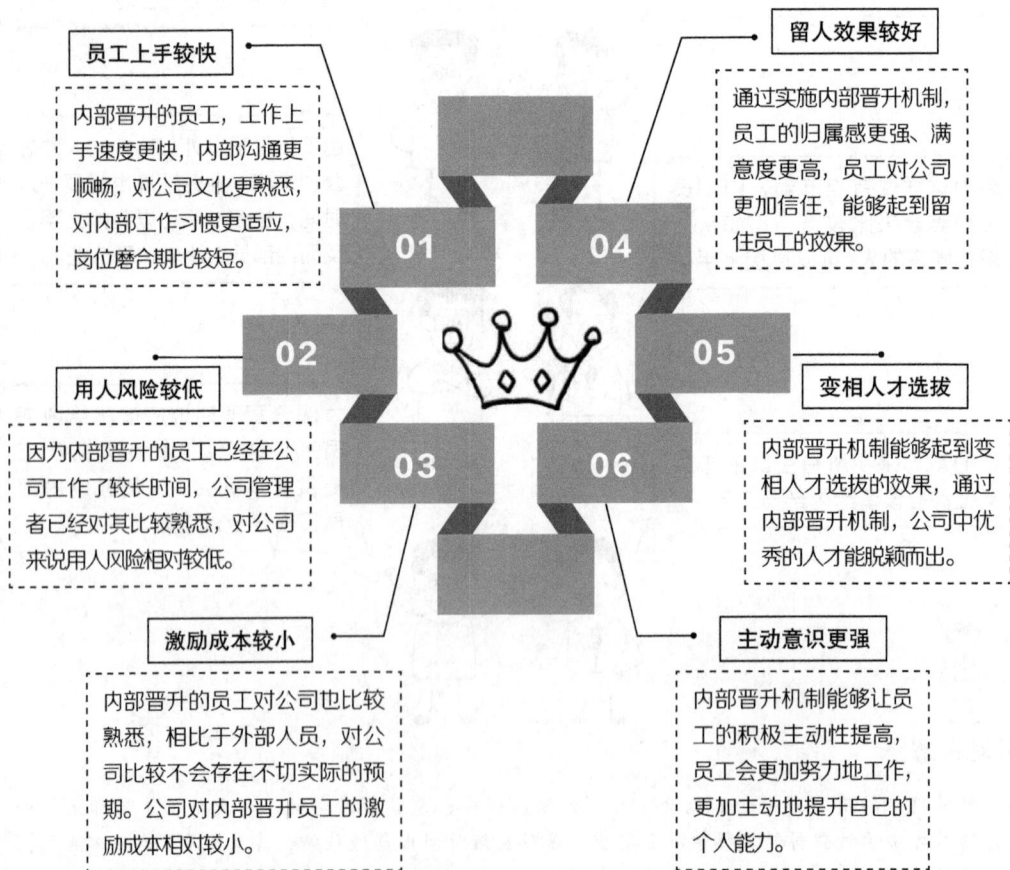

员工上手较快

内部晋升的员工，工作上手速度更快，内部沟通更顺畅，对公司文化更熟悉，对内部工作习惯更适应，岗位磨合期比较短。

01

04

留人效果较好

通过实施内部晋升机制，员工的归属感更强、满意度更高，员工对公司更加信任，能够起到留住员工的效果。

02

05

用人风险较低

因为内部晋升的员工已经在公司工作了较长时间，公司管理者已经对其比较熟悉，对公司来说用人风险相对较低。

03

06

变相人才选拔

内部晋升机制能够起到变相人才选拔的效果，通过内部晋升机制，公司中优秀的人才能脱颖而出。

激励成本较小

内部晋升的员工对公司也比较熟悉，相比于外部人员，对公司比较不会存在不切实际的预期。公司对内部晋升员工的激励成本相对较小。

主动意识更强

内部晋升机制能够让员工的积极主动性提高，员工会更加努力地工作，更加主动地提升自己的个人能力。

内部晋升要注意的问题

内部晋升选拔过程应当做到公正，实现公开竞聘，体现员工机会均等，不要让员工认为公司存在暗箱操作或不公平的情况。

公司要制定内部员工晋升的基本规则，统一晋升标准。规则应做到尽量客观，减少员工晋升过程中的主观因素。

公司内部晋升的人选不应仅局限于当前管理者提名的人选，所有员工都应当具备报名晋升的权利，只要符合基本条件，员工就可以参选。

员工期望看到员工晋升的规则是"任人唯贤"而不是"任人唯亲"。内部晋升如果管控不到位，则很容易出现任人唯亲的现象。

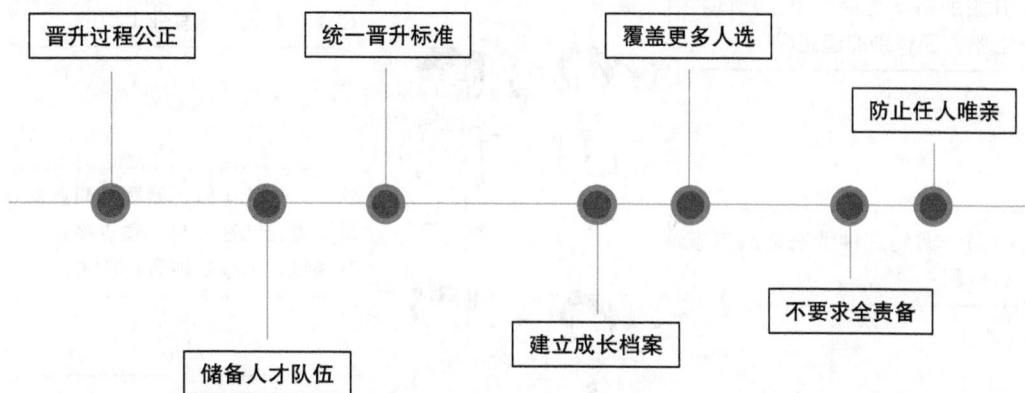

晋升过程公正

统一晋升标准

覆盖更多人选

防止任人唯亲

储备人才队伍

建立成长档案

不要求全责备

公司要提前规划内部晋升对管理岗位的需求，提前培养能力能够满足管理岗位要求的员工，让人才培养的进度优先于人才需求的进度。

为了让内部员工更好地晋升发展，公司可以为内部员工建立晋升发展的档案，对员工实施必要的专项培训，保证公司提供员工能力提升需要的必要资源和条件，让员工快速提升能力。

公司比较了解内部员工的优势和劣势，很容易陷入对员工劣势的苛责中，而忽略了员工的优势；而对于公司不了解的外部人才，公司往往只看到他们的优势，看不到他们的缺势。

小贴士

内部晋升虽然有很多好处，有比较强的激励性，但如果运用不当，负面效果也很强，因此要谨慎应用。公司对内部晋升的操作，要本着公平、公正、公开的原则，增强员工对公司的信心，让员工能够心无旁骛地提升个人能力，获得岗位晋升。

4.1.2 晋升发展：你得知道他要什么

内部晋升确实是好事，可是如果全部采取内部晋升，公司可能没有那么多管理岗位满足员工的晋升需求。

员工的职业发展，其实不是只有晋升这一条路。

升职加薪不是每个员工都向往的吗？还有别的道路吗？

有的。例如有的员工不愿意做管理者，他只想在专业上精进。

也对，遇到这种情况我应该怎么做呢？

这时，你就可以把**薪酬**和**职业发展通道**结合在一起，建立多条晋升路线，创造多种晋升方式。

也就是说，我可以不让员工从事管理岗位，但是鉴于他的能力提升，可以通过增加薪酬，实现他的岗位晋升是吗？

是的。晋升有很多种，有职位晋升，有职级晋升，也有薪酬晋升，每个员工的期望不同，公司可以根据员工的期望，满足员工的晋升需求。

问题拆解

对于职业发展方向和转换方向，很多管理者有一种误解，认为职业发展只有一个方向、一条路径，就是俗话说的"升职加薪"。他们认为只有升职加薪，才代表员工在职业上得到了发展。其实，因为员工的个性不同、处境不同，对于不同员工来说，可以选择的职业发展方向非常多。

💡 **工具介绍**

职业发展的 4 个方向

由于人们的特性不同，有的人追求职业上的高度，他们期望成为管理者；有的人追求职业上的深度，他们不愿意成为管理者，只期望在自己本领域内做精做深，成为专家；有的人追求职业上的宽度，他们想尝试不同的岗位，不断地尝试新的工作；还有的人追求职业上的温度，他们只把职业是看成谋生的工具，把重心留给自己的生活和家庭。

员工职业发展的 4 个方向

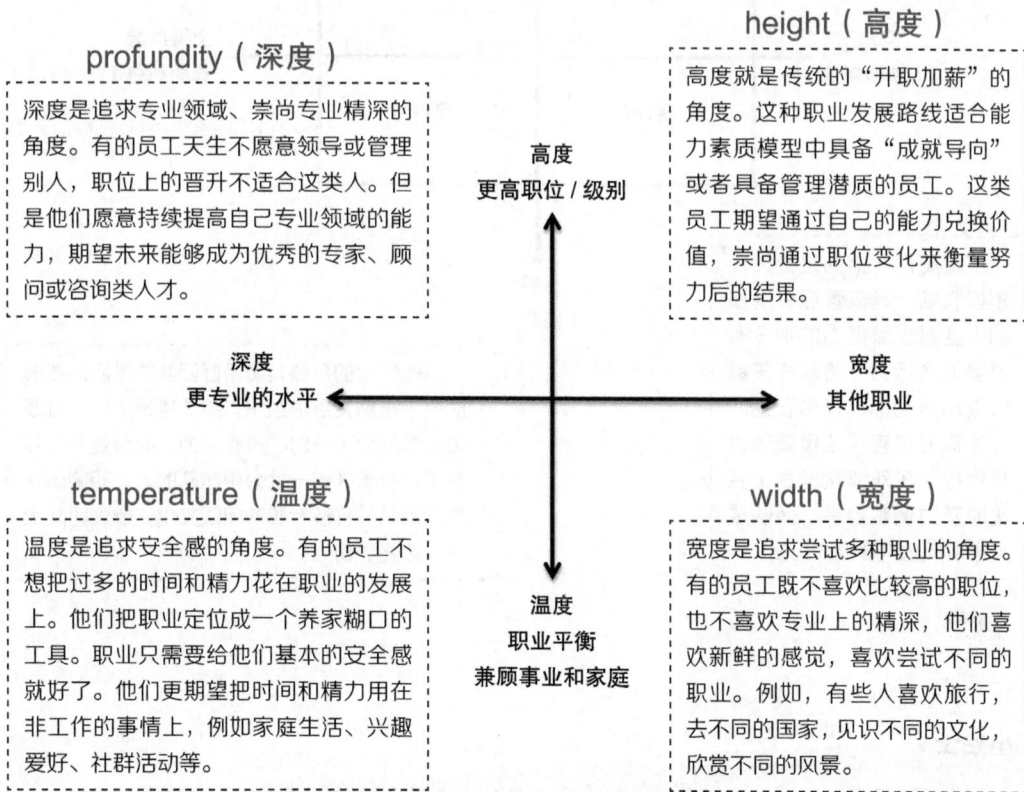

profundity（深度）

深度是追求专业领域、崇尚专业精深的角度。有的员工天生不愿意领导或管理别人，职位上的晋升不适合这类人。但是他们愿意持续提高自己专业领域的能力，期望未来能够成为优秀的专家、顾问或咨询类人才。

height（高度）

高度就是传统的"升职加薪"的角度。这种职业发展路线适合能力素质模型中具备"成就导向"或者具备管理潜质的员工。这类员工期望通过自己的能力兑换价值，崇尚通过职位变化来衡量努力后的结果。

高度
更高职位 / 级别

深度
更专业的水平

宽度
其他职业

temperature（温度）

温度是追求安全感的角度。有的员工不想把过多的时间和精力花在职业的发展上。他们把职业定位成一个养家糊口的工具。职业只需要给他们基本的安全感就好了。他们更期望把时间和精力用在非工作的事情上，例如家庭生活、兴趣爱好、社群活动等。

温度
职业平衡
兼顾事业和家庭

width（宽度）

宽度是追求尝试多种职业的角度。有的员工既不喜欢比较高的职位，也不喜欢专业上的精深，他们喜欢新鲜的感觉，喜欢尝试不同的职业。例如，有些人喜欢旅行，去不同的国家，见识不同的文化，欣赏不同的风景。

什么样的员工适合做管理者

"当爹"指的是要做好业务，业务能力要比较强。具备管理者潜质的人要关注个人业务成绩的提升，重视绩效结果，要能够和团队要结果，对待员工不过分仁慈，一切以结果说话，以公司的大局为重，不纵容庸才，不养闲人。

"上得厅堂"指的是要关注长期利益。具备管理者潜质的人要具备战略规划的能力，规划出团队的作战策略和计划。要能够为团队制订目标，给团队明确的目标和方向，通过共同的目标凝心聚气，增强团队凝聚力。

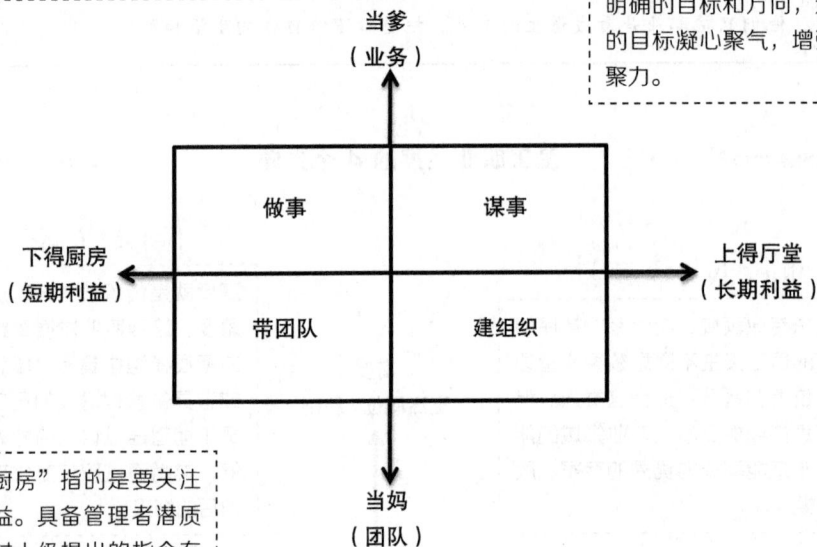

```
              当爹
             （业务）
               ↑
     ┌─────────┼─────────┐
     │         │         │
     │  做事   │   谋事   │
     │         │         │
下得厨房 ←──────┼──────→ 上得厅堂
（短期利益）    │       （长期利益）
     │  带团队  │   建组织 │
     │         │         │
     └─────────┼─────────┘
               ↓
              当妈
             （团队）
```

"下得厨房"指的是要关注短期利益。具备管理者潜质的人要对上级提出的指令有很强的执行力，能够在关键时刻加班加点、任劳任怨。要管理好过程，注重绩效过程管控，在外部状况发生变化时及时调整目标，团队成员出现问题时要及时纠偏。

"当妈"指的是要具备带好团队的潜质。要形成一个长期发展的组织，要"搭班子"，分层级，做到分工分明、流程清晰，而且要会培养员工，要培养出一批会带团队的人。明确团队内部规则，打造专属的团队文化，增强团队士气，要奖优罚劣。

小贴士

内心上进的员工不一定适合做管理者；在当前岗位上表现优秀的员工也不一定适合做管理者；人缘很好、有群众基础的员工不一定适合做管理者；个人能力很强的员工也不一定适合做管理者。管理者不一定需要在某个方面特别突出，但管理者需要具备综合素质。

4.1.3 职业规划：我帮你成就自己

建立了职业发展方式，弄清楚员工想要走的职业发展方向之后，职业发展对员工的激励就做好了吗？

还没有，这里还差一个关键点。

这个关键点就是，员工现在还没有给自己制订职业发展目标和能力发展计划，没有形成有效的行动计划。

什么关键点？

哦，当公司给员工设计好职业发展方向之后，员工不会自然形成自己的职业发展计划吗？

个别员工会，但很多员工不会。所以就不如公司统一来做，这样还能借机了解每个员工期望的职业发展方向。

知道了每个员工期望的发展方向之后，公司就可以统筹规划设计整个公司的岗位晋升进度和员工发展节奏。

这么做对公司有什么好处呢？

问题拆解

设计好员工职业发展的方向之后，不代表公司在职业发展方面的激励就完成了。在员工明确了自己的职业方向之后，面对不同类型的员工，管理者需要与员工沟通，了解他们的职业意向，和他们一起制订员工特有的个人发展计划。

工具介绍

个人发展计划

个人发展计划（Individual Development Plan，IDP）是一个帮助员工进行职业生涯规划的工具，是一张描绘员工未来职业生涯发展的地图。IDP能够协助员工勾勒出自身的优势、兴趣、目标、待发展能力及相应的发展活动，帮助员工在合适的时间获取合适的技能以实现职业目标。随着知识生命周期的缩短，越来越多的员工开始关注自己的IDP。公司在面临优秀人才流失的压力下，IDP也成为提升公司整体人力资本的重要方式之一。

员工个人发展计划图

员工要思考"我做些什么能帮助我到达那里"，也就是员工要制订详细的学习和发展的行动计划，提高自身的能力，以实现未来的职业目标。

员工要考虑"我想到哪里"，也就是员工个人的职业发展目标是什么。

do

第4步
我做些什么能帮助我到达那里

第1步
我想到哪里

objective

个人发展计划

where

第3步
我现在在哪儿

第2步
那里的要求是什么

demand

员工要关注"我现在在哪儿"，也就是员工要评估自身当前能力和经验状况，思考要实现职业发展目标还需要提升哪些能力，弥补哪些经验。

员工要思考"那里的要求是什么"，也就是实现个人职业发展目标需要什么样的能力。

员工个人发展计划实施的 3 个步骤

姓名		所在公司		部门	
岗位		职务		直属上级	
计划有效期： 年 月 日— 年 月 日					
职业发展目标 （针对优势、劣势、挑战分别至少列出能实现目标最关键的 3 项）					
职业发展目标					
优势					
劣势					
挑战					
个人现状总结					
期望发展的技能 （至少列出 3 项）					
具体行动计划					

行动计划	衡量标准	持续时间	评估方式	评估人
希望公司提供的支持				
签署计划				
□以上内容经过充分考虑和沟通，属于本人真实意愿，我同意此计划。	本人签字： 时间：		直属上级签字： 时间：	

员工过往发展回顾

员工根据自己对个人发展计划应用的了解，对自己职业发展进行回顾。回顾时要注意总结自己的个人通用能力、个人管理能力以及个人专业能力。

员工未来发展建议

员工对自己职业发展的想法经常是不客观或存在偏差的，这时管理者应当根据员工对自己职业的初步想法，给员工意见或建议，和员工一起讨论并制订员工短期的业绩改进计划和长期的职业发展计划。

员工未来发展需求

在与管理者讨论并形成员工个人发展计划的过程中，员工可以提出为实现自己职业发展的必要需求，包括个人需要的通用能力、管理能力、专业能力的补充方式。在与管理者沟通后，员工可以通过培训、轮岗或者自学等多种多样的方式提升自己的能力。

小贴士

实施个人发展计划的好处包括：有助于员工增强对工作的把握能力和控制能力；有助于员工持续不断地实现和超越自身的价值；有助于员工提高工作的积极性和自身的创造力；有助于员工较好地处理职业和生活之间的平衡关系。

4.2　目标激励

　　好的目标不仅是管理的需要，而且能够让员工的个人目标和团队的集体目标统一，让员工产生行动的动机，激发员工的积极性和主动性。好的目标一方面可以起到激励员工的效果，另一方面，可以通过员工的行动，实现集体目标。

4.2.1 目标意识：问题出在不重视上

🔒 **问题场景**

我发现公司除了我之外，从管理者到员工，似乎都不太在乎业绩的完成情况。

这也许是因为他们缺乏**目标意识**。

为什么会这样？

这可能也源于你对目标不够重视，一层一层传到员工那里，员工就更不重视了。

不对啊，我觉得自己挺重视目标的啊！

觉得重视和表现在行为上的重视是不一样的。例如，当公司有员工的目标没有完成时，你没有表现出该有的态度。

仔细想想确实是，部门的目标没完成时，我一般只批评一下部门负责人，然后就没有后续了。

单纯的批评是不能让员工有目标意识的，要让员工有目标意识，还需要你围绕目标，做一系列工作。

问题拆解

很多公司不是没有目标，而是员工普遍对目标不重视，员工普遍觉得实现目标是公司的事，是管理者的事，和自己无关。公司要让目标发挥激励作用，首先要培养员工的目标意识，让员工对目标重视或敬畏。要让员工有目标意识，管理者的行为至关重要。管理者说得再多，也不如在行为上体现出其对目标的重视。

工具介绍

目标意识

目标意识指的是员工对目标的主观能动性。目标意识强的员工，在制订目标、分解目标、采取行动、修正目标、完成目标等方面的积极性更高，更能保证目标的完成质量；目标意识弱的员工，不重视目标，不认为目标和自己有关系，工作盲目，方向性差，得过且过。

目标意识强的员工，目标对其的激励性更强，员工的自我激励意识更强；目标意识弱的员工，目标对其的激励性更弱，员工的自我激励意识更弱。

◆员工不具备目标意识和具备目标意识的常见表现对比◆

员工不具备目标意识的常见表现

（1）行动之前不事先制订目标。

（2）采取行动时没有围绕目标。

（3）记不住自己或团队的目标。

（4）完不成目标却没有愧疚感。

员工具备目标意识的常见表现

（1）行动之前一定要制订目标。

（2）一定要围绕目标采取行动。

（3）时刻牢记自己或团队的目标。

（4）如果没完成目标会感到愧疚。

如何培养员工的目标意识

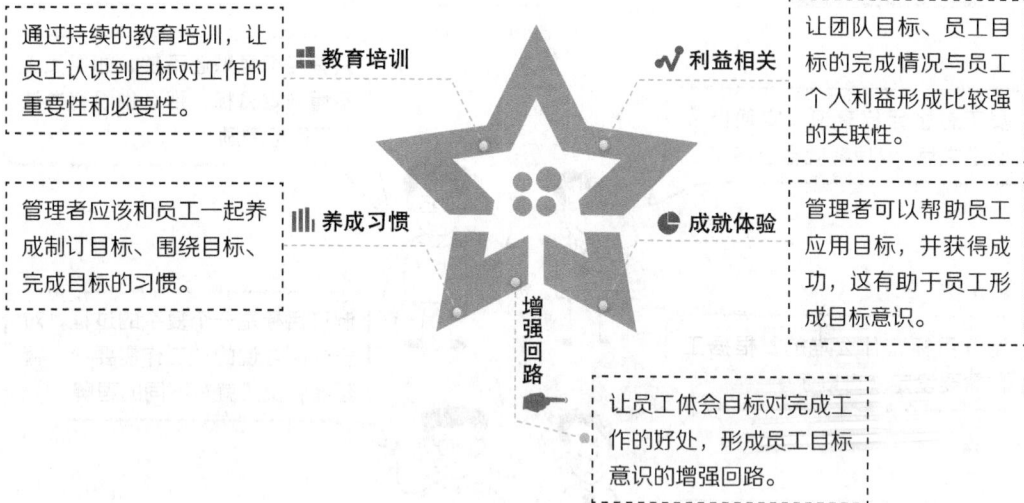

通过持续的教育培训，让员工认识到目标对工作的重要性和必要性。

📋 教育培训

✓ 利益相关

让团队目标、员工目标的完成情况与员工个人利益形成比较强的关联性。

管理者应该和员工一起养成制订目标、围绕目标、完成目标的习惯。

📊 养成习惯

增强回路

⏱ 成就体验

管理者可以帮助员工应用目标，并获得成功，这有助于员工形成目标意识。

让员工体会目标对完成工作的好处，形成员工目标意识的增强回路。

形成目标意识的增强回路

小贴士

增强回路是强化事物给人的感受，促进人们持续产生或避免产生某种行为，帮助人们养成行为习惯的逻辑循环。要让员工形成目标意识，形成使用目标能够带来成功体验的增强回路是一种非常有效的方法。目标意识的增强回路形成后，员工的目标意识将会很快形成。要形成这种增强回路，还要依赖于管理者对员工运用目标产生不同结果后的支持和帮助。

4.2.2 目标设定：当然不能"拍脑袋"

员工有了目标意识，实现自我激励之后，管理者就省心多了。

只有目标意识还不够，如果员工不懂制定目标，那么也没有办法实现目标激励。

制订目标有什么难的？根据工作需要设定就可以了。

制订目标是一个复杂的过程，对于你刚才说的"工作需要"，管理者和员工就有不同的理解。

说起来也是，我发现公司各部门制订的目标总有问题，不是目标过高，就是目标过低。

这样的目标激励性就比较小，而且可能对公司有害。

是不是应该严格遵守 SMART 原则？［Specific（具体的）、Measurable（可衡量的）、Attainable（可达到的）、Relevant（相关性）、Time-bound（时限性）］

SMART 原则确实是制订目标的有效原则，公司在遵循 SMART 原则制订目标时，还要注意一些应用上的细节。

问题拆解

很多目标管理能力比较差的公司制订的目标不符合实际，目标形同虚设，起不到管理的效果，也起不到激励的效果。长期接触这样的目标，员工的目标意识会越来越弱，员工对目标的感觉将会变得越来越淡。如何制订目标，是管理者和员工必须认真探究的问题。

👤 工具介绍

制订目标

制订目标不是"拍脑袋"的决策，而是一个管理者和员工一起就工作绩效总结、对自身能力总结以及对未来行动规划的过程。制订出明确的目标有助于员工形成使命感，让员工具备方向性。

制订目标的方法

目标要有指向性

目标实现之后的场景或状态是目标存在的价值和意义。目标可以根据条件的变化而有所调整，但是目标对期望的场景或状态通常是不变的。这个场景和状态往往比目标本身更重要，管理者在制订目标的过程中应当让员工了解到这一点。

目标要进行区分

管理者在制订目标时，要区分大目标和小目标；区分部门目标和员工个人目标；区分远期目标和近期目标；区分全局性目标和局部性目标；区分最终目标和阶段性目标。

目标要事先沟通

制订目标的过程需要管理者和员工共同参与，尤其是在制订员工个人目标时，管理者更要征求员工本人的意见。"一言堂"式的目标制订过程很难得到员工的理解和认可，不被认可的目标难以被员工落实。

01 02 03 04 05 06

目标要有挑战性

制订的目标不能太容易就能实现，应当是员工需要经过一番努力之后才能实现的。具有挑战性的目标才能激发员工的潜能，才能够让员工在实现目标的过程中提升能力和积累经验。如果目标能够实现，员工的能力也将得到提升。

目标要落实行动

制订目标的过程本身也是制订行动方案的过程，管理者既要和员工一起设定目标，还要和员工一起探讨实现目标的路径，这样将会增加员工对目标事项的信心。如果员工知道如何行动，目标实现的概率将会大大提高。

目标要承接战略

虽然制订目标的过程要体现民主性，但也不是员工想制订什么样的目标就制订什么样的目标。部门目标要承接公司的战略，个人目标要承接部门的战略。如果员工在制订个人目标时不理解公司和部门目标的意义，那么管理者应与员工充分沟通。

4 只毛毛虫的故事

毛毛虫喜欢吃苹果。有 4 只毛毛虫，它们长大了，到森林里去找苹果吃。

第一只毛毛虫找到了一棵树，当他发现其他的毛毛虫都在爬树时，它就稀里糊涂地开始爬眼前这棵树。可是在它花费好大的力气爬到树顶之后，才发现这棵树根本不是一颗苹果树，这棵树上什么果子都没有。

第二只毛毛虫，它知道什么是苹果树，它坚定了自己的目标，即苹果应该在最大的那条树枝上。于是它找到了一条最大的树枝，然后顺着树枝往前爬，结果在它爬到了这条树枝的枝头处，也没有发现一个苹果。于是它又顺着这条树枝一点一点地爬回去，又找了第二条树枝再一点一点地爬到枝头，发现只有一个很小的苹果，它很快就吃完了，然后它又一点点地爬回去，循环这个过程。

①

②

第三只毛毛虫找到了一棵苹果树，它找来一个望远镜，搜索了一番之后，找到了这棵树上最大的那个苹果。它发现从下往上爬有很多条路线，它发现有一条最近的路线。它努力地记住了这条路线之后，就开始往上爬了。可是当它爬到那个大苹果位置时，苹果已经不在了，因为在它往上爬的过程中，人类已经把这个已经成熟的苹果摘走了。

第四只毛毛虫用望远镜观察苹果树时，找的目标不是最大的那个苹果，而是一朵含苞待放的苹果花。它计算了自己的行程，认为当它达到那朵苹果花的位置时，那朵苹果花正好能长成一个成熟的大苹果。这只毛毛虫按照这种方式出发，最后果然得到了一个又大又甜的苹果。

③

④

小贴士

这 4 只毛毛虫，很像是 4 种类型的人，它们的状态分别代表了 4 种类型的人对目标制订的 4 种状态。

第一种人是不知道自己想要什么，毫无目标。

第二种人虽然知道自己想要什么，但是不知道怎么得到，他们很可能会在一些常识的引导下，做出一些看似正确但是却离目标越来越远的选择。

第三种人虽然有非常正确的选择，有非常清晰的计划，但是他们的行动却赶不上他们的目标。

第四种人是知道自己要什么，知道该怎么做，目标选择也合理。相比于前三类人，这类人的发展速度会更快。

在制订目标时，要围绕价值，综合考虑当前的内部要素和外部环境之后再制订。个人的能力和外部可借助的资源是常见的内部要素和外部环境。好的目标正是管理者和员工经过讨论并综合考虑各种情况之后制订出来的。

4.2.3 目标关联：构建利益共同体

🔒 **问题场景**

有的团队目标制订得比较合理，员工也具备一定的目标意识，可员工还是没有为目标努力的动力，这是为什么呢？

这多半是因为管理者制订的目标和员工本人的关联性比较弱。

也就是说，员工觉得目标和自己没什么关联，所以就没有实现目标的动力了，是吗？

是的。如果员工实现了一个目标之后，对自己的影响很小，那么员工不为之付出是很普遍的。

看来我还得让管理者做好目标与员工个人利益的关联。应该怎么做呢？

管理者首先要了解员工的核心诉求。这里可以用到员工**个体需求、职业阶段和职业发展**。

每个员工的诉求都是不同的吧？看来从公司层面做这件事比较困难。

是的，这件事最好由员工的直属上级来做。直属上级汇总后，可以上报公司，公司再从公司层面统筹考虑，做好平衡。

问题拆解

很多公司目标难以实现的原因，是目标和员工个人利益的关联性太弱。要让团队的目标真正成为团队共同的目标，管理者需要把目标实现之后的奖励和员工的核心诉求形成强关联。这种关联性越强，员工的主观能动性就越强，激励效果就越好。

工具介绍

目标关联

目标关联指的是把团队目标和员工个人目标相关联，把团队的利益与个人利益相绑定。目标关联是制订目标过程中的基本管理理念和原则，通过目标关联，团队上下容易认可共同目标，有利于让团队凝神聚力，共同实现目标。目标和员工之间的关联性可以包括薪酬的关联、福利的关联、职位的关联、荣誉的关联等。只要是员工关心的、想得到的事物，都可以做关联。

目标关联的作用

与员工有关联性的目标能够让员工有较高的积极性，让员工更主动地采取行动。

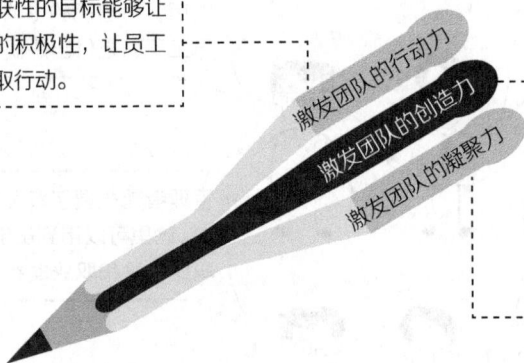

激发团队的行动力

激发团队的创造力

激发团队的凝聚力

员工创造力的激发很大程度上源于员工的主动性，目标关联能激发主动性。

当员工个人目标与整个团队的目标一致时，团队中将容易产生比较强的凝聚力。

如何实现目标关联

了解员工的诉求

员工的情况影响着员工的诉求，要让目标和员工诉求形成强关联，管理者一定要先了解员工的诉求。

和员工讨论目标

虽然有的目标具有一定强制性，但管理者也应当在与员工充分沟通和讨论的情况下，让员工接受目标。

听取员工的意见

员工往往能从管理者想不到的角度提供意见，让员工表达意见利于员工接受目标，也利于目标和员工之间关联性的形成。

制订目标时的 5 大误区

目标变化快

有的管理者制订的目标总在不断变化，员工原本为了一个目标而努力，结果不久后该目标就变成了另一个目标。目标变化太快会让员工摸不着头脑，而且会淡化员工对目标的感觉。

目标太量化

有的管理者认为目标必须被量化，其实不然。量化目标是好的，但过分量化不一定是好事。尤其是对于一些难以量化目标的部门而言，过分量化反而会增加管理成本，得不偿失。

目标私人化

团队的目标不等于团队管理者的个人目标。有的管理者给团队制订目标时，把自己个人的目标和团队目标做了强关联。员工可能会对这种目标产生反感，而导致这种目标起到反效果。

目标难判定

无论是定量的目标还是定性的目标，都应当在统一的判定标准下，以能够被判定为原则。不能够被判定的目标是无效的目标，因为我们最终无法判定目标是否实现。

目标太模糊

虽然在一些情况下，目标可以不需要过分量化，但也不代表目标可以很模糊。很模糊的目标没有指向性，让员工没有方向感，最后会变成口号，起不到目标的效果。

小贴士

制订目标非常容易犯的错误是"想当然"，即管理者想当然地认为某个目标应该被制订为目标，想当然地认为这个目标能够被实现，想当然地认为员工也想要实现这个目标，想当然地认为这个目标和员工之间有关联。这些"想当然"，非常容易让目标激励失去作用。

PART 2

实现的概率

实现的概率，是员工根据过去的经验，判断自己做出行为后达到预期目标的可能性。要提高员工对行为达到预期目标的概率，可以通过给员工创造更多的成败体验，对员工实施能力管理和绩效辅导来实现。

第 5 章　成败体验

💎 **本章背景**

要提高员工做出行为后，达到预期目标的可能性，与员工的经验是否存在比较大的关系？

确实有很大的关系。如果员工有做出某种行为后能得到某种结果的体验，那么他就偏向于再次做出这种行为。

那就不断让员工"尝到甜头"，这样就能实现员工激励了。

除了让员工"尝到甜头"外，还要让员工"尝到苦头"，把"五味"全尝一遍后，员工才有比较充分的成败体验，判断才能比较成熟。

那要如何让员工具备成败体验呢？

我们分别从心态管理、竞争激励和荣誉激励 3 个方面，来探讨一下如何做好成败体验吧。

问题拆解

成败体验，指的是员工对行动后产生的结果的体验。成功体验有助于激发员工持续产生促使成功的同类行为，失败体验有助于抑制员工产生导致失败的同类行为。引导员工产生成败体验，强化成败体验，有助于公司做好员工激励。

5.1　心态管理

　　员工的心态影响着员工对目标达到的预期。心态积极的员工对目标的预期更积极，遇到困难后更愿意尝试，更愿意付出行动；心态消极的员工对目标的预期更消极，遇到困难后更容易放弃。管理者帮助员工调整心态有助于对员工形成更好的激励效果。

5.1.1 乐观思维：不可能中有可能

🔒 **问题场景**

现在很多年轻员工的工作状态太消极了，他们遇到一点问题就停滞不前，满腹牢骚。有抱怨的时间，还不如好好想想解决问题的办法。

这种消极情绪在公司中很普遍吗？

是的，非常普遍。我觉得员工的这种状态会影响其工作效率。

这确实是个问题，拥有乐观思维的团队普遍比抱着悲观思维的团队更容易实现目标。

如何改变这个问题呢？

关键还在管理团队上，员工不都是天生乐观的，需要管理层的引导和培养。

管理团队也有类似的问题，普遍比较消极。

那就需要你亲自引导了。公司每一级人员的情绪都会受到来自上级人员的情绪的影响，每一级人员都能够被上级人员的正能量感染，长期下去，整个团队就会形成乐观思维。

问题拆解

很多团队存在员工态度消极的问题，员工做事时，总是先看到困难、问题、不可能，这正是团队中的悲观思维在作祟。悲观思维会阻碍员工的行动，让员工变得很难被激励。与悲观思维相对的，是乐观思维。拥有乐观思维的员工，其积极性更高、行动力更强。员工是否具备乐观思维，与员工直属上级的关系非常大。

工具介绍

乐观思维

培养员工的乐观思维能够帮助管理者达成员工激励。不同的人对行为结果的预期是不同的，与具有悲观思维的人相比，具备乐观思维的人在思想上更积极，行为上更主动，更容易相信做出某种行为后有达到某种结果的可能性。"只为成功找方法，不为失败找借口"说的正是乐观思维。

乐观思维具备一定的感染性和传播性，当群体中的人都具备乐观思维时，新加入的个体即使原本具备悲观思维，也很快会被群体感染。

乐观思维的 4 种主要来源

精神领袖

几乎每个公司中都有精神领袖，很多公司的精神领袖是创始人或最高管理者。精神领袖的意志决定着公司整体的精神基调。

直属上级

直属上级的心态直接影响着下属员工的心态，要想让员工具备乐观思维，首先要让员工的直属上级具备和传播这种思维。

成功案例

获奖 案例

曾经的成功案例会给人们成功的信心，从成功案例中提炼出的积极思想和做事方法能让员工更相信再次获得成功的可能性。

典型人物

优秀员工

团队中典型人物的态度、意志或精神会影响整个团队的其他员工，通过典型人物对团队的影响，能够养成其他员工的乐观思维。

管理者引导员工形成乐观思维的 5 种方法

公司的氛围较悲观，多半是管理者的问题。要引导员工形成乐观思维，公司各级管理者首先要以身作则，让自己成为一个积极乐观的人，自上而下地感染员工。

愿意表达的人更容易把内心真实的想法说出来，管理者可以鼓励员工充分表达内心的想法。管理者要在与员工的沟通交流中引导员工看到积极的一面，帮助员工朝积极的方向思考。

盯着未来愿景，有助于员工找到前进的路径，让员工充满希望。前进的道路上存在艰难险阻，只要有希望，有愿景画面，眼前的苦和累可能会很快烟消云散。

自上而下乐观

发现团队问题

鼓励员工表达

盯着未来愿景

不要盯着障碍

悲观思维和消极情绪具有一定的隐藏性，如果不主动查找，很难被发现。管理者要主动发现团队中的这类问题，当发现员工存在悲观思维时要及时纠正。

任何事都存在障碍，如果员工只盯着障碍，将会严重影响自身的积极性。管理者应帮助陷入判断误区的员工，对其实施引导，不要让这类员工"钻牛角尖"。

小贴士

员工的特质和背景不同，不是每个员工都能够被引导从而产生乐观思维。有的员工不论管理者怎么努力引导，他还是会被悲观思维笼罩。如果员工不能被团队的乐观思维感染，那就让团队远离这样的员工，以免原本氛围较好的团队被悲观思维影响。

5.1.2 预期管理：就是在管理情绪

乐观思维是好事，可有的团队管理者过于乐观，给团队制订的目标太高，无论员工怎么努力都很难实现。

在这样的团队中，员工应该不仅感受不到成就感，而且会叫苦不迭吧？

没错。对这样的团队管理者我都不知道该说他什么好，毕竟他制订高目标也是出于好意，是为了让团队有高绩效。

盲目的乐观其实是一种问题心态，是不值得提倡的。

对，这是典型的好心办坏事。

这和团队预期有很大关系，管理层应做好团队的预期管理。

预期也可以被管理？

是的，预期管理是一种心态管理。要让团队保持既不冒进也不畏缩的预期，管理者既需要调整好自己的心态，也要调整好团队的心态。

问题拆解

管理者让团队内部产生过高的、不切实际的预期，是对员工的伤害，而不是激励。当预期无法实现时，员工会产生诸多负面情绪。预期越大，可能带来的失望就越大。如果长期无法达到预期，员工会觉得无论自己做什么结果都一样。长期的负面情绪会打消员工的积极性，让员工变得不愿意行动。

工具介绍

预期管理

预期管理是管理者对团队整体预期与个体预期的管理。员工能够在工作中保持自信与乐观的态度，与管理者对预期的管理有很大关系。管理者保持客观、清醒、理性的态度，是预期管理的基本要求。预期管理直接影响着员工的情绪，员工的情绪影响着员工被有效激励的可能性，所以预期管理实际上也是对员工的情绪管理。

情绪与预期的关系

$$情绪 = 现状 - 预期$$

现状是客观的，是难以改变的。

预期是主观的，是与员工的认知水平、心智模式、思维模式息息相关的。

当现状 > 预期时，员工会产生正面情绪。

当现状 < 预期时，员工会产生负面情绪。

现状与预期的差异越大，情绪表现越明显。
人们无法改变现状，但可以通过改变预期，来影响现状给人们带来的情绪。

预期管理的 4 种应用方法

预期是可以灵活变化的，根据情境的需要，根据管理的需要，预期可以被灵活、适当地调高或调低。高预期能起到激发潜力的效果，低预期能起到获得满足的效果。

一般来说，预期不应当太高，但也不能太低，大多数情况下，预期应当处在适中的水平。适中的预期不容易让员工的情绪出现大起大落。

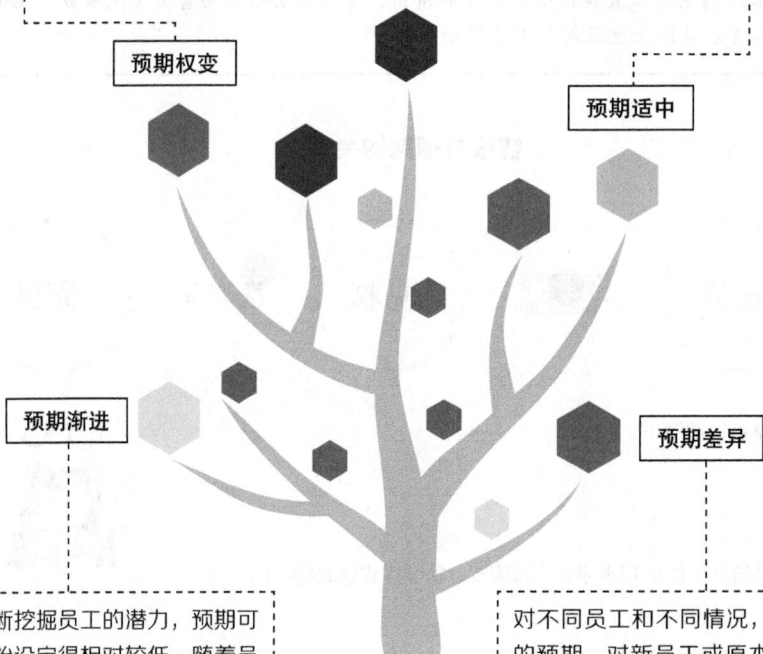

预期权变

预期适中

预期渐进

预期差异

为了不断挖掘员工的潜力，预期可以一开始设定得相对较低，随着员工能力不断提高，预期不断被达成，再有所渐进，不断提高。

对不同员工和不同情况，可以设置不同的预期。对新员工或原本能力较差的员工来说，预期可以相对低一些，对老员工或原本能力较好的员工来说，预期可以相对高一些。

小贴士

管理者实施预期管理不代表为了团队或员工能够达到预期，一定要刻意地减少预期；也不代表在某些情况下，管理者为了激发员工潜力，不能刻意地适当增加预期。预期在不同场景、不同情况下高或低的设计，多或少的引导，快或慢的把握，既考验管理者的管理技术，又考验管理者的管理艺术。

5.2 竞争激励

　　好的激励机制，不是想办法让态度消极的员工变得积极，而是创造出竞争的环境，让这类员工在公司中自惭形秽。竞争环境能够让优秀的员工更优秀，积极的员工更积极。常见的竞争激励方法包括压力激励、比较激励和危机激励。

5.2.1 压力激励：有压力才有动力

前不久公司做了一次针对员工工作压力的调查，表示工作压力比较大的员工只有 2%。

你们公司在追求给员工比较小的工作压力吗？

是的。减小员工的工作压力是我们提高员工满意度的方法之一。

这样做对公司有什么好处吗？员工的工作积极性因此而更高了吗？

没有。员工的工作压力越来越小，但员工的工作积极性也一直在降低。

员工的工作压力过大或过小对公司来说都有害，员工的工作压力应保持适当的水平。

我也发现了，虽然工作压力减少会让员工的满意度提高，但员工的工作积极性反而会降低。

给员工一定的压力，同样也是员工激励的有效方式，这叫**压力激励**。

问题拆解

公司应当管理员工的工作压力，保证员工有一定的工作压力，而不是一味减小员工的压力。给员工减压是好事，可如果没有节制地给员工减小工作压力，不仅不会让员工工作更积极，反而容易滋生员工的懒惰，给公司造成负面效果，让员工有不努力付出的理由。

👨‍🏫 **工具介绍**

压力激励

没有压力，就没有动力。压力不仅不是一个负面词汇，而且在很多时候压力能够起到正面效果。压力能够激励员工行动，使员工保持警惕，让员工有动力更好地完成工作。管理者通过给员工创造适当的压力，能够有效激发团队的活力，促进员工不断地采取行动。

常用的 5 种压力来源

上级的压力

管理者对员工工作的数量要求、质量要求、时间要求、成本要求等都是给员工施加的压力，这是员工最基本的压力来源。

下级的压力

对于团队的管理者来说，下级员工会给他们带来压力。团队成绩与员工利益的关联性越高，管理者的压力越大。

明天必须
交报告！

项目调研遇
到阻力了。

群体的压力

每个人都有融入群体的偏向，群体行为同样会给员工个体施加压力。管理者有效运用群体行为，能够给员工无形的压力。

家庭的压力

员工的家庭成员会给员工压力。公司做好对员工家庭成员的服务，能有效提高员工的忠诚度，借助员工的家庭成员给员工"好好工作的压力"。

业绩的压力

岗位工作的业绩要求、岗位胜任的要求、岗位发展的要求，都会给员工施加压力。业绩完成与员工利益的关联性越高，员工的压力越大。

KPI

压力激励的 5 种表现形式

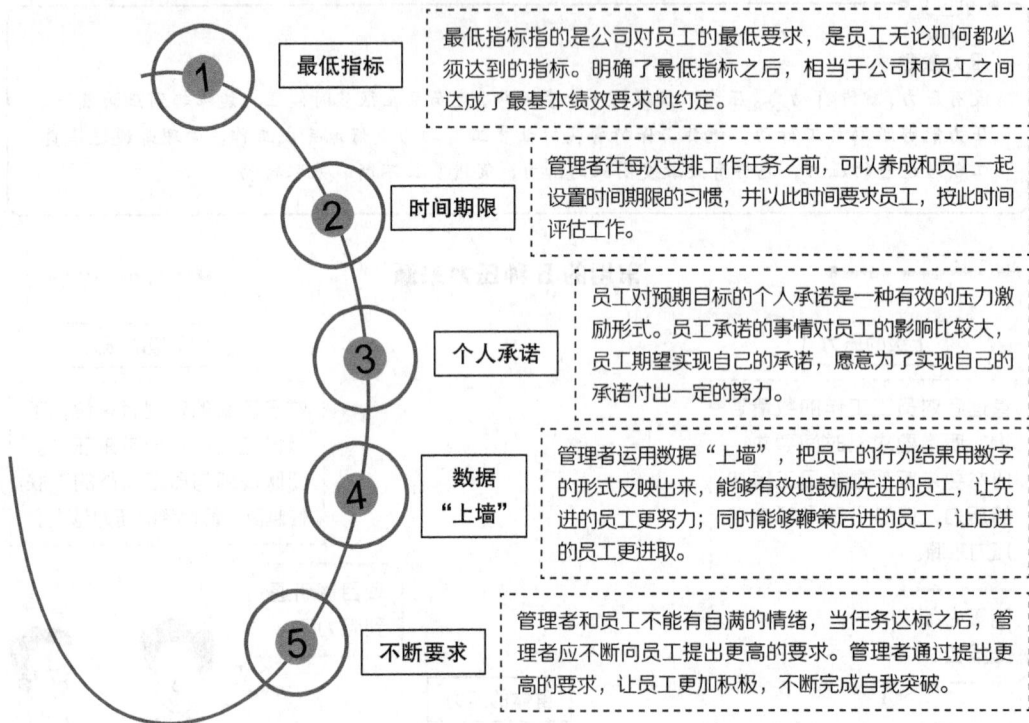

① 最低指标　　最低指标指的是公司对员工的最低要求，是员工无论如何都必须达到的指标。明确了最低指标之后，相当于公司和员工之间达成了最基本绩效要求的约定。

② 时间期限　　管理者在每次安排工作任务之前，可以养成和员工一起设置时间期限的习惯，并以此时间要求员工，按此时间评估工作。

③ 个人承诺　　员工对预期目标的个人承诺是一种有效的压力激励形式。员工承诺的事情对员工的影响比较大，员工期望实现自己的承诺，愿意为了实现自己的承诺付出一定的努力。

④ 数据"上墙"　　管理者运用数据"上墙"，把员工的行为结果用数字的形式反映出来，能够有效地鼓励先进的员工，让先进的员工更努力；同时能够鞭策后进的员工，让后进的员工更进取。

⑤ 不断要求　　管理者和员工不能有自满的情绪，当任务达标之后，管理者应不断向员工提出更高的要求。管理者通过提出更高的要求，让员工更加积极，不断完成自我突破。

1908 年，心理学家罗伯特·M. 耶基斯（Robert M. Yerkes）和约翰·D. 道森（John D. Dodson）提出，比正常状态增加略高一点的压力可以让人们达到最佳表现。可如果压力过大，人们就会陷入比较高的焦虑中。这增加的一部分适度压力，被称为最佳压力值，这个区域被称为最佳压力区，在舒适区的外侧、恐惧焦虑区的内侧。

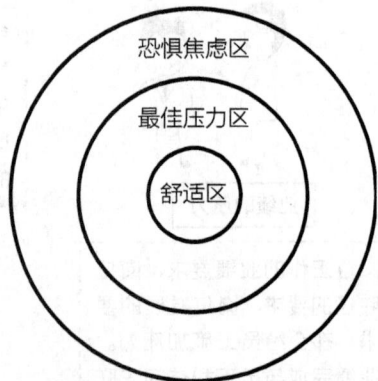

小贴士

每个人都有自己的舒适区、最佳压力区和恐惧焦虑区。在舒适区中，人们会感觉很舒服，一旦离开了这个区域人们就会感到不舒服。刚踏出舒适区，是最佳压力区。这个区域，是人们可以通过自己的学习和努力来适应的区域。如果再向外扩展，将进入恐惧焦虑区。在这个区域，人们把大部分精力都用于应对自己的焦虑和恐惧情绪，没有精力学习和努力。

5.2.2 比较激励：发现自己不厉害

🔒 问题场景

看到别的公司有"比学赶超"的氛围我真羡慕，我的公司怎么就没有这种氛围呢？

你们公司是怎么在员工之间做比较的呢？

基本上就是管理者埋怨员工时，会说"你看看人家，人家能做到的，你怎么就做不到"之类的话。

这个……似乎并不是一个好的比较方式，这样不但不会起到激励效果，而且很容易引发内部矛盾。

难怪我公司没有"比学赶超"的氛围，我们连第一步"比"都没做好。

也不必灰心，可以从现在开始行动，尝试在公司里做好**比较激励**。

可是我很担心实施比较之后，员工会受到打击。

比较激励确实是一个不容易实施的激励方法，管理者需要把握好比较的"度"。

问题拆解

有些管理者简单地认为"只要有员工能做到，其他员工也应该能做到"，并以此为标准在团队内做比较。然而，这种不分青红皂白的比较不仅激励效果差，而且很容易打消员工的积极性，起到负面效果。只有适度地运用比较激励，才能起到激发员工行动的效果。

工具介绍

比较激励

比较激励能够增加员工队伍的活力。很多人普遍有让自己"自我感觉良好"的底层需求。人们天然就有与他人比较的心理，希望自己处在比他人更优的位置。这种需求会让人们不断成长。管理者可以运用员工的比较心理，为员工设置比较的对象，从而增加员工的紧迫感，让员工更有动力。

比较对象的 3 种选择方法

对标比较指的是不同的员工选择同一个对标对象做比较。业绩优秀的员工一般可以作为同类岗位中大部分员工对标比较的对象。

目标比较不是以某个人为比较对象，而是以某个目标为比较对象。这种比较方法可以聚焦目标，强调目标，但不以人为比较对象，会导致有时候员工比较感觉并不强烈。

同类比较指的是把情况类似的员工作为比较的对象。情况类似的员工除了岗位相同的员工之外，还可以是同一时间加入公司的员工、相同学历的员工或年纪相仿的员工等。

目标比较

对标比较

同类比较

比较激励的 4 种操作方法

技能比赛

竞技比较

举办技能比赛，能够让同类岗位的员工形成竞技比较。竞技比较不仅能创造员工暴露工作能力问题的契机，而且能够帮其改进。

01

小组排名

小组比较

公司可以把员工分成不同的小组，以每天、每周或每月为周期，按照小组的绩效情况进行比较，在周期末，排出小组的顺序，并对员工公示。

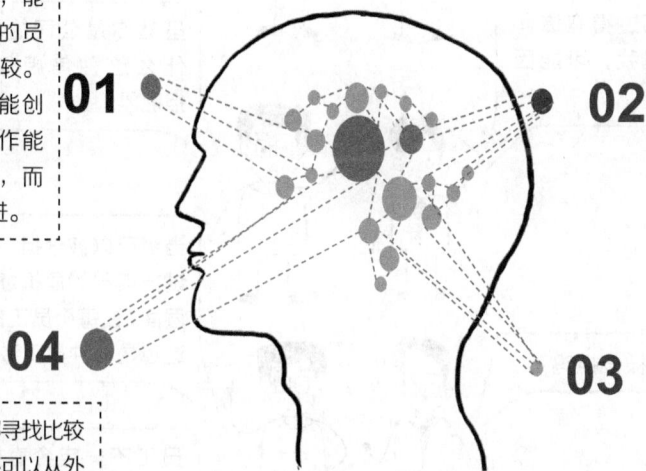

02

外部比较

除了从公司内部寻找比较对象外，公司还可以从外部为员工寻找比较的对象。例如从对标公司、竞争对手或者兄弟公司那里寻找优秀的员工。

04

03

强制比较

有时候员工之间差别不大，相互比较的意愿比较低。为了强化比较给员工带来的激励，公司可以通过强制排名来实现员工之间的比较。

今日员工排名

小贴士

比较源于人们期望获得存在感的底层心理。存在感，让人们渴望获得别人的认同。然而在通常情况下，认同是稀缺资源，员工需要借助与他人比较中的优胜来获得这种资源。管理者可以借助这种"比较的力量"来激发员工的行为。

5.2.3 危机激励：一起分担焦虑

🔒 问题场景

现在市场变化太快，顾客的需求很难捉摸，虽然我创业比较成功，但不知道公司未来会发展得怎么样。

你公司的管理层和员工也有与你相同的焦虑吗？

没有。我看大家都过得蛮滋润的，最着急的就是我，可能因为我是创始人吧。

虽然你是公司的创始人，但为什么这种焦虑你要一个人承担呢？

这种焦虑难道还能被分担吗？

当然可以被分担。也许你可以试试把自己的危机意识传达到员工层面，让每个员工都感受到危机，这也是一种员工激励方式。

员工不一定会直接在乎公司的安危，但却会在乎与自己直接相关的利益的安危。管理者可以通过在与员工直接相关的利益方面给员工创造危机感，培养员工的危机意识。

可是公司的危机员工真的会在乎吗？

问题拆解

公司最高层一般具备危机意识，但很多员工却不一定能够有这种危机意识。由于工作稳定、收入稳定、奖金稳定，员工可能会失去改善的动力，因为这些稳定虽然会给员工安全感，但也可能滋生懒惰。在市场环境瞬息万变的情况下，员工的这种状态对公司来说是有害的。员工过分的安全感，会给公司带来安全隐患。

🧑‍🏫 工具介绍

危机激励

危机激励指的是管理者通过激发员工的危机意识，让员工产生危机感和紧迫感，从而对员工形成激励。"生于忧患，死于安乐。"忧患意识、危机意识能够有效应对员工的惰性，激发员工的活力。

没有危机意识的公司是危险的公司。公司最繁荣的时候，正是公司最危险的时候。当人们认为自己站在顶点，这时很可能无论怎么走，都是下坡路。永远战战兢兢、永远如履薄冰，不仅是一种自我保护状态，更是一种长久生存发展的策略。

危机激励的 3 大维度

公司的危机	产品的危机	个人的危机
管理者可以向员工灌输公司经营层面的危机。市场竞争的日趋激烈，公司存续本身就是一个比较大的问题。当公司出现危机时，员工同样会出现危机。只有全体员工共同努力，才可能让公司稳定存续发展，并且越来越强大。	公司的产品要持续经过市场和用户的检验。如果产品的性能让顾客不满意，产品的质量不过关，产品将会出现危机。公司依靠产品盈利，如果产品出现危机，将导致公司出现危机，进而导致员工的危机。	员工的薪酬待遇是员工重要的收入来源，员工的职业发展直接影响着员工的薪酬待遇。如果员工的工作质量有问题，将导致员工的职业发展和薪酬待遇出现问题，造成员工个人的危机。所谓的"今天工作不努力，明天努力找工作"就是这个道理。

激发员工危机意识的 4 种常用方法

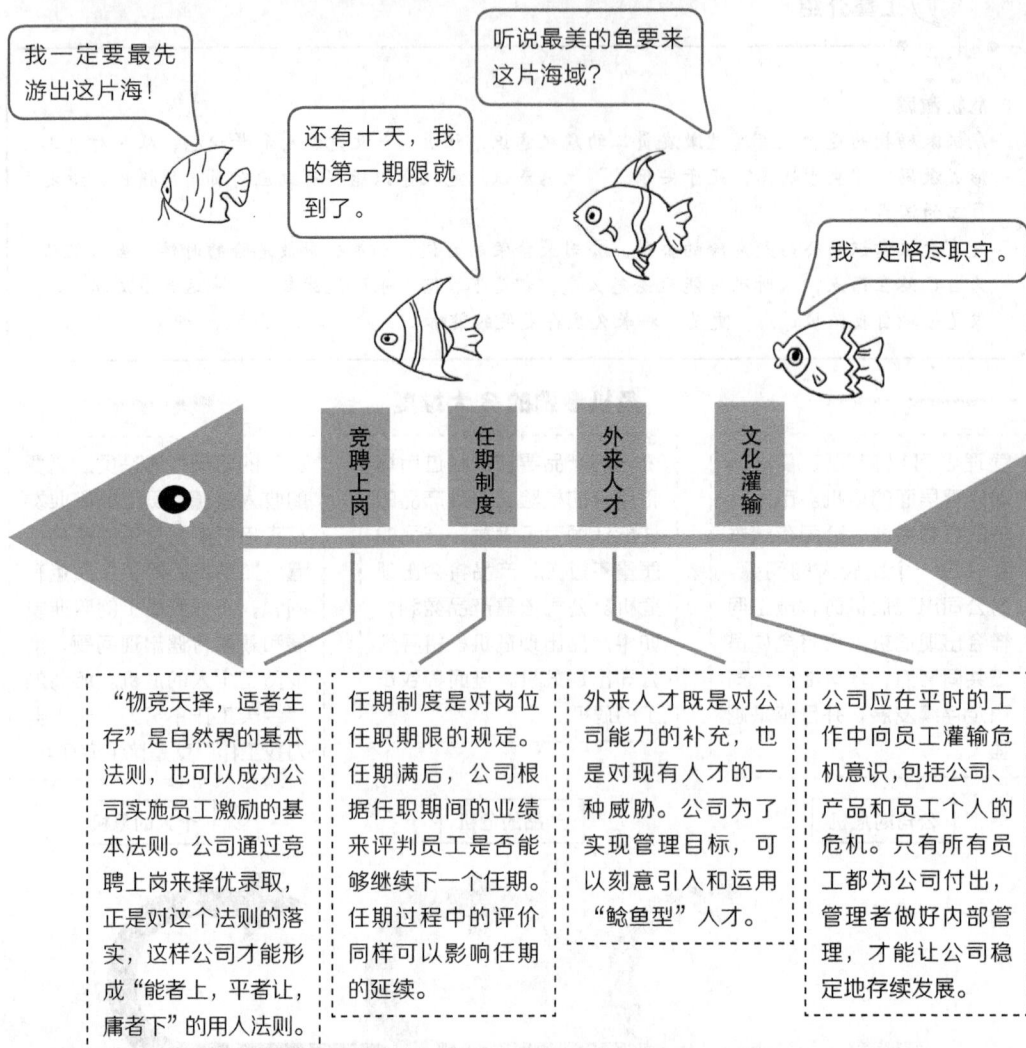

我一定要最先游出这片海！

还有十天，我的第一期限就到了。

听说最美的鱼要来这片海域？

我一定恪尽职守。

竞聘上岗	任期制度	外来人才	文化灌输
"物竞天择，适者生存"是自然界的基本法则，也可以成为公司实施员工激励的基本法则。公司通过竞聘上岗来择优录取，正是对这个法则的落实，这样公司才能形成"能者上，平者让，庸者下"的用人法则。	任期制度是对岗位任职期限的规定。任期满后，公司根据任职期间的业绩来评判员工是否能够继续下一个任期。任期过程中的评价同样可以影响任期的延续。	外来人才既是对公司能力的补充，也是对现有人才的一种威胁。公司为了实现管理目标，可以刻意引入和运用"鲶鱼型"人才。	公司应在平时的工作中向员工灌输危机意识，包括公司、产品和员工个人的危机。只有所有员工都为公司付出，管理者做好内部管理，才能让公司稳定地存续发展。

小贴士

危机实际上是客观存在的，不是管理者创造出来或凭空想象出来的。正是因为公司能够不断战胜危机，公司才能得以存续和发展。危机激励的正确做法，应是管理者让员工意识到危机、感受到危机、重视危机，而不应刻意夸大危机。夸大的、虚假的危机只会让员工反感。

5.3 荣誉激励

　　荣誉是一种公司可以提供给员工的精神资产，对员工激励能够起到积极的作用。荣誉激励是一种成本较低，但效果较好的员工激励方法。常见的荣誉激励方法有榜样激励、创造荣誉和分享荣誉。

5.3.1 榜样激励：都学他就对了

前阵子我召集管理层讨论员工的行为规范，就是员工应该做什么，以及公司倡导员工做什么，讨论到最后也没有形成明确的标准。

为什么形成标准这么难？

因为大家说的行为太具体、太多了，可如果总结下来，又太抽象了，可参照性比较差。

如果行为标准难以制定，可以设立**榜样**，让员工参照榜样的做法。

就是树典型、树标杆、树先进，让员工参照学习吗？

是的。树立榜样，也是一种有效的员工激励方式。榜样能够给员工带来比较有力的行为引导。

可公司每年评选一次优秀员工，这些优秀员工平时似乎也没有起到行为引导和激励作用。

榜样必须发挥激励作用，榜样激励才能成立。榜样不仅可以是优秀员工，还可以是部门管理者。

问题拆解

很多公司制定再多的行为标准，也不如榜样给员工带来的行为引导的作用大。员工不一定能时刻记住公司的规定，但员工身边的榜样，却在工作中时刻影响着员工。榜样的行动胜过一切言语和规定，公司管理好榜样，就是管理好行为标杆。

工具介绍

榜样激励

榜样激励是公司通过榜样来激励员工,让员工自发产生公司想见到的行为。榜样就像团队中的一面旗帜,可以起到模范带头作用,能够带来激励效果;榜样也像是员工的一面镜子,折射出其他员工行为上的偏差和工作状态上的问题。公司应从员工身边寻找榜样,榜样应经常出现在员工身边,当员工迷茫、行为出现偏差或者不知所措时,可以随时参照榜样的行为。

榜样激励的 3 种形式

① 管理者

② 优秀员工

③ 行为标准

团队中最好的榜样就是管理者自己,管理者的影响力和表率作用对员工行为的养成有很大的影响。管理者应以身作则,严于律己,遵守公司的规章制度和行为规范。管理者以多高的要求管理自己,才有资格以多高的要求管理员工。

优秀的员工同样可以作为榜样。优秀员工通常具备某方面的优秀品质,通常在某方面有突出的贡献。榜样要来自员工身边,要能够站出来,起到模范带头作用。榜样是优秀员工,但不是每一个优秀员工都可以成为榜样。

榜样不一定非要是人,还可以是一套行为标准。优质的工作程序和行为标准同样可以成为榜样。行为标准就是公司的正确做法,其具体步骤可以被制作成详细的可视化的文稿、表单、图片或视频,还可以附上操作细节,供员工参照执行。

应用管理者示范榜样激励形式的 5 种方法

承担责任

能够承担责任的管理者才配叫榜样。管理者的岗位性质决定了其本身就应承担团队的责任。

扩大影响

管理者的影响力是一种无形的力量，影响力的大小决定了管理者作为榜样对员工的激励效果。影响力大的管理者不仅可以树立自己的威信，而且能够减少大量与员工沟通的成本，让员工行为落实得更好。

以身作则

管理者与其一味要求员工，不如以身作则。管理者想让员工做到的，自己要先做到。管理者这样做，员工没有理由不做。以身作则能够换来员工对管理者的尊敬，也能够换来员工的行动。

行胜于言

管理者"做什么"比管理者"说什么"更重要，管理者的行动胜过一切的言语。只靠命令，只靠说教，很难改变员工行为，不如管理者先做出来。让员工跟着管理者做的做，而不是跟着管理者说的做。

遵守规则

即使是好的规则系统，还要有人遵守才能发挥作用。正人先正己，要想让员工按照公司的规则和标准做事，管理者自己要先严格遵守规则。公司的规则系统能不能发挥作用，与管理者如何对待规则有很大关系。

小贴士

无论是榜样员工，还是行为标准，在榜样激励时都具有一定的不可控性。与其创造其他的榜样，不如管理者自己成为员工的榜样。这样做的好处，是每当管理者在工作中出现，就意味着榜样出现。员工在管理者的团队工作，这样可以时时想起管理者，处处以管理者为榜样，激励效果更好。

5.3.2 创造荣誉：头顶光环更强大

问题场景

有时候管理者对员工的肯定和赞美不足以激励员工，简单的物质激励和精神激励有时候效果不明显，有没有效果更明显的激励手段？

你可以用**荣誉**来做员工激励。

可惜公司目前的优秀员工评选是一年一度的，似乎周期有点长。

确实周期太长，公司不应该吝惜给员工荣誉。

当前没有荣誉，我们可以**创造荣誉**。在可以设计荣誉的环节，把荣誉设计全面。

可公司已经形成了传统，而且之前也没有考虑过这件事。

对，规则还不都是人定的，我们可以根据需要随时调整嘛。

要想让荣誉起到激励作用，公司要做到让荣誉有大有小，有远期的有近期的。

问题拆解

很多公司给员工提供的荣誉太少，除了例行公事的优秀评选外，没有其他荣誉。荣誉能够起到激励员工的效果。做不好荣誉，是对精神资源的浪费。精神资源不占用实际成本，却能够通过激励员工，为公司创造价值。管理者学会挖掘这种精神资源，有助于帮助公司用更低的成本，创造更大的价值。

工具介绍

创造荣誉

荣誉是公司因为员工的工作态度、工作能力或工作绩效给员工提供的一种精神奖励。获得荣誉的员工能够享受到这种精神激励给自己带来的满足感，没有获得荣誉的员工能够被这种满足感吸引，从而追求这种满足感。

荣誉是一种能够被公司创造出来的精神资产。它可以被公司像发放货币一样，发放给员工。荣誉的时间周期可长可短，一般常见的周期包括天、周、月、季度、半年、年等。

公司常见的 7 种荣誉类别

岗位能手

工作态度较好，同时拥有突出的专业技能，该技能在本岗位上有较强的体现。例如管理能手、业务能手、业务专家、技术能手、优秀干部、优秀技师等。

业绩之星

工作态度较好，同时业绩突出的员工，绩效表现在同类岗位中名列前茅。例如绩效冠军、销售之星、服务之星、创新明星、质量明星等。

杰出骨干

工作态度、工作能力和工作业绩都非常优秀的员工。例如业务标兵、卓越精英、先进个人、团队核心、杰出青年、优秀员工等。

集体荣誉

价值观正确、能力或业绩在某方面比较突出的团队。例如卓越团队、杰出团队、优秀团队、特殊贡献团队等。

趣味荣誉

公司可以根据情况，设计一些有话题性、有传播性、有趣味性的荣誉。例如人见人爱奖、恩爱夫妻奖、教子有方奖等。

特殊荣誉

为了引导员工行为，公司可以根据团队或个人的具体背景需要，给予一些适合特殊情境的奖励。例如最佳进步奖、最忠诚员工奖、团结友爱奖等。

活动荣誉

公司组织的所有集体活动，都可以设计荣誉。例如运动会的荣誉、集中培训的荣誉、各类比赛的荣誉等。

管理者创造荣誉的 5 个技巧

全面设计荣誉	荣誉可以从周期、品类和功能 3 个层面进行系统化的有序设计。一般来说，同一个周期、同一个品类、同一种功能性的荣誉应存在一种，且只需要存在一种。管理者在设计员工荣誉时，可以结合公司实际需要，在适度范围内最大化员工的心理感受。
少数人能获得	荣誉虽然占用的财务成本较小，但也应当设计成少数员工能够获得的精神奖励。不然的话，荣誉本身对员工来说将会变得没有价值，失去效果。在同一种荣誉中，获得员工的数量宜少不宜多，一般应控制在有资格获得这类荣誉员工总人数的 20% 以内。
用好听的头衔	不是每一个员工都可以获得荣誉，但是好听的头衔却可以给每一个员工。好听的头衔没有成本，不会增加员工的实际权力或减少管理的权力，却能够给员工比较大的荣誉感和满足感，会让员工更加积极地工作。例如，叫业务员，不如叫销售经理；叫检验员，不如叫质量经理。
最大化地传播	员工不仅期望获得荣誉，还期望自己的荣誉被他人知道。员工获得荣誉这件事扩散的范围越大，知道的人越多，员工的感受越强烈。所以管理者在为员工创造荣誉时，要想尽一切能够传播荣誉的方法，最大化员工荣誉的传播。
家属共同参与	荣誉不应脱离员工的社会网络。要让荣誉获得最好的效果，管理者可以把荣誉嵌入员工的社会网络中。让荣誉成为员工社会网络中的一种"社交货币"，为员工创造精神价值。家庭是员工最重要的社会网络组成部分，当荣誉和员工家人关联时，荣誉的效果将被放大。

小贴士

创造荣誉就像发行"精神货币"。当这种"精神货币"发行量较少时，其精神价值比较高，对获得的员工将会产生比较强的激励性；当这种"精神货币"发行量较多时，会发生"通货膨胀"，"精神货币"的价值和效用将会变弱。所以，荣誉不能被随意地创造，不是越多越好。

5.3.3 分享荣誉：分享"精神货币"

🔒 **问题场景**

公司设计荣誉时既然要注意让少数人获取，那么可能会存在长期什么荣誉都没有获得的员工。他们长期看到别人获得荣誉，会不会起到反效果？

要说完全没有反效果那是不可能的，但对于这种情况管理者一方面不必过分考虑，另一方面也可以采取措施尽量规避。

为什么不必过分考虑？

根据"80/20定律"，团队中创造较大价值的人本身就较少。通过荣誉给少部分优秀员工较强的激励，让他们给公司创造更大的价值。

原来如此，前面说的可以采取措施尽量规避，指的是什么措施呢？

一种措施是管理者在荣誉管理时尽量涵盖所有的优秀员工，还有一种措施是**分享荣誉**。

荣誉还可以分享？是说团队获得集体荣誉的时候吗？

不仅是集体荣誉，还有很多荣誉可以分享。分享荣誉，可以让没有获得荣誉的员工和荣誉产生关联，产生获得荣誉的效果。

问题拆解

荣誉是精神资产，不是一成不变的物品。既然是精神资产，那荣誉就可以传递、可以变化、可以发展。分享荣誉不会让获得荣誉的人的体验变差，不会让荣誉的总量变少，但会增加员工对荣誉的总体感受，增加荣誉给公司和团队带来的价值。

工具介绍

分享荣誉

荣誉不仅可以被创造，而且可以被分享。分享荣誉意味着扩大荣誉的正面效应，意味着让更多的人获得荣誉或者获得荣誉感。分享荣誉也能在一定程度上减少原本没有获得荣誉的员工的失落感。

荣誉因为是精神资产，所以不像实物资产一样有比较明确的数量与质量。人们各自都有一个苹果，交换之后，还是各自都有一个苹果。可当人们各有一份荣誉，彼此分享之后，将各有两份荣誉。分享荣誉就像分享"精神货币"，因为这种货币是精神层面的，所以不仅不会减少，而且还会增加。

只要获得荣誉的人想分享荣誉，那么所有荣誉都可以被分享。员工不是一个人在工作，没有员工之间的相互协作，没有上下级之间的通力配合，将很难获得荣誉。

可以分享荣誉的 3 种场景

集体荣誉

集体荣誉是因为团队成绩获得的荣誉。团队是一个整体，当团队获得荣誉之后，管理者不应得意忘形，忘乎所以。对于这种情况管理者必须分享荣誉，不能独拿荣誉。

个人荣誉

就算不是集体的荣誉，是管理者或某员工的个人荣誉，但获得荣誉与团队还是有一定关系，所以管理者或该员工也可以主动与其他员工分享个人荣誉。

业绩荣誉

如果业绩产生的过程与多人相关，但只有一人获得荣誉，或者与多个团队有关，但只有一个团队获得荣誉，那么获得荣誉者可以主动与他人分享。

管理者分享荣誉的 5 种方法

管理者可以把个人荣誉转
化为团队的集体荣誉。

**荣誉转让
给团队**

管理者可以强调不同员工对获得
该荣誉的贡献。

管理者应认可每个员工对
获得荣誉的价值贡献。

**强调员工的
贡献**

**认可员工的
价值**

管理者可以借机介绍每个员工的
情况，尤其是向更高管理层介绍。

如果荣誉有相应的奖金，那么
管理者可以考虑与员工分享，
并论功行赏。

**向别人介绍
员工**

**与员工分享
利益**

小贴士

管理者如果只懂得独享荣誉，还不如不要荣誉。管理者如果一直独享荣誉可能会引起员工的
反感。管理者主动分享荣誉是体现管理者领导智慧的行为。管理者分享荣誉甚至转让荣誉，
不仅不会减少自己的实际荣誉，而且还会受到被分享荣誉员工的尊敬。

第 6 章　能力管理

💎 **本章背景**

除了员工的心态和经验外，还有什么比较重要的维度影响着员工对做出行为后，达到预期目标可能性的预期？

员工的能力是个很重要的维度，它直接影响着员工对目标实现概率的判断。

可以想象。个人能力越强的员工越自信，判断自己成功的可能性越大。

是的。不仅是主观判断，客观上能力比较强的员工也确实更可能达到预期目标。所以，公司对员工的**能力管理**至关重要。

如何系统有效地管理员工能力，从而做好员工激励呢？

我们分别从人才匹配、学习动机和能力培养 3 个方面，来探讨一下如何做好能力管理吧。

问题拆解

能力管理就是公司对员工能力培养与发展的系统化管理。能力管理既关系到员工激励的过程，又关系到员工激励的结果。能力比较强的员工比能力比较弱的员工更容易被激励，产生高绩效的可能性也更大。

6.1 人才匹配

　　"与其培养猪爬树，不如一开始就找来一只猴子。"能力管理首先要考虑的不是如何培养员工能力，而是让员工具备的基本素质与岗位能力的要求匹配，让公司不需要付出比较高的成本，就能够实现对员工能力的培养，使员工能力满足岗位要求。

6.1.1 人岗匹配：是非观与维度观

🔒 **问题场景**

对员工能力的培养太重要了，我发现很多员工的能力不行，我们先聊聊如何提高员工能力吧。

在这之前，我们还是先聊一下**人岗匹配**的问题。如果员工能力和岗位要求的匹配度低，那么能力培养将事倍功半。

员工能力不行和人岗匹配有关系吗？

有关系。首先"能力不行"就是一个很宽泛的概念。人岗匹配就是弄清楚员工的能力哪里行，哪里不行。

也就是要弄清楚员工能力上的优势和劣势？

准确地说，是员工的能力和岗位的需求哪里**匹配**，哪里不匹配。

我明白了，通过人岗匹配，我们可以在员工培养前知道员工哪方面需要培养，而且能够判断培养的难度有多大。

人岗匹配后，公司可以把住新员工的入职关。对于培养难度比较大、培养成本比较高的员工，说不定换人是更优的选择。

问题拆解

很多公司管理者对员工的认识采取的是简单的"是非观"，表现出来就是对于某个岗位，他们想要好的人才，可什么是好的人才，他们也说不清楚；对于某个员工，他们要么觉得好，要么觉得不好，可究竟哪里好，哪里不好，他们也说不清楚。管理者对员工的判断不是对，就是错；不是好，就是不好；不是行，就是不行。对简单、客观、明确的事件，可以用"是非观"判断；可是对人的评价，用"是非观"判断很可能会出问题，应该用"维度观"判断。

工具介绍

岗位胜任力

岗位胜任力是帮助管理者运用"维度观"判断员工和岗位的匹配情况的有效工具。管理者用"维度观"判断员工时，不是简单地判断员工好或不好，行或不行，而是设定出公司需要员工具备的几个维度的特质，根据员工在这几个维度特质上的情况做判断。岗位胜任力模型就是把岗位对员工的需求分成不同的维度，并对这些维度进行具体要求的方法。

员工在某个维度上和岗位不匹配，不代表他在其他维度上和岗位不匹配，也不代表他的这些维度和其他岗位不匹配；对于现在不匹配的维度，不代表在经过一段时间的能力培养和发展变化之后，还不匹配。

岗位胜任力的 4 个维度

知识维度一般指的是那些通过学习、查阅资料等后天学习可以得到的信息。

一般包括：专业、学历、社会培训、证书、认证、专利以及岗位需要的知识等。知识维度，反映了人才"知不知道"怎么做。

能力维度一般是指在一定知识的基础上，能够完成某个目标或者任务的可能性，是知识的一种转化。知识和能力是不同的，光有知识没有能力就是纸上谈兵。

例如掌握游泳的知识和掌握游泳的能力完全是两个不同的概念。如果某人只掌握游泳的知识，也就是知道游泳的原理，但是却从来都没有实践过，这时如果把他直接扔到水里，恐怕会凶多吉少。能力维度，反映了人才"会不会"做。

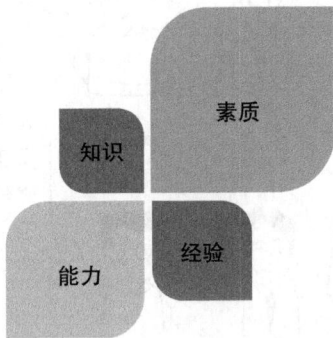

素质维度一般指那些由个人自身特质决定的，根深蒂固的，不太容易改变的东西。

一般包括：性别、年龄、人格、智商、人生观、世界观、价值观等。素质维度，反映了人才"能不能"做。

知识　素质　能力　经验

经验一般是指某人长期从事一项工作后对该项工作的认知。能力和经验有一定的相关性，但并非持续相关。一般来说，随着时间的增加，经验的增长，能力的提升会趋于平缓。

例如一般人开车 3 年左右基本就熟练了，在这 3 年之内，开车能力的提升是比较明显的。即使再开 3 年，对他们而言，能力一般不会有比较大的提升，这时提升的主要是经验，而经验主要体现为熟练程度和处理异常状况的能力。经验维度，反映了人才"做了多久"或"熟练程度"。

某公司行政文员岗位胜任力的 4 个维度

岗位知识要求

专科以上学历；最好是行政管理、文秘类专业；专业限制不太大，也可以考虑不限；最好具备操作办公软件的基础知识；最好具备基础的财务知识；最好对公司的发展历程和文化已经有了一定了解等。

岗位素质要求

性格比较温和；智力在平均水平；价值观不需要有成就导向；自我定位不需要太高，最好求平稳；年龄 20～30 岁；具备诚信、团队精神、主动性、创新意识等。

岗位能力要求

需要学习能力、沟通能力、组织协调能力、解决问题能力、应变能力等通用能力；需要应用办公软件的能力、文字速录的能力等岗位专业能力。

岗位经验要求

具备 1～3 年的相关工作经验，比较优秀的人才没有相关工作经验也可以。

根据员工当前的情况，可以运用如右表所示的内容判断其与岗位的匹配和差距情况。

小贴士

类别	员工当前情况	与岗位的匹配和差距情况
知识		
素质		
能力		
经验		

岗位胜任力模型不只可以应用在人才的招聘选拔方面。通过对人才观的维度化，在人才的评价方面，公司能够客观地识别出人才和岗位匹配性较好和较差的维度；在人才的使用方面，公司可以用人所长，扬长避短；在人才的培养方面，公司可以有针对性地重点培养人才和岗位不匹配的维度。

6.1.2 人才画像：就照着这个招人

🔒 问题场景

岗位胜任力真是个好工具，有了这个工具以后选人用人就不愁了。

这个工具虽好，可也有不太好用的时候。

例如某个岗位还不存在的时候，岗位变化太快的时候，或者岗位胜任力的各要素总结起来比较困难的时候。

什么时候不好用呢？

细想一下确实是这样，那这些时候我们该怎么办呢？

可以运用岗位人才画像。

感觉似乎和岗位胜任力没什么不同。

是有区别的。岗位人才画像是"人人匹配"，岗位胜任力是"人岗匹配"。

问题拆解

岗位胜任力是"以岗对人"或"以岗找人"，就是公司通过岗位需求来匹配该岗位需要的人才特质；岗位人才画像是"以人对人"或"以人找人"，就是公司通过优秀员工的人才特质，来匹配需要的人才特质。岗位人才画像和岗位胜任力既不矛盾，也不冲突。公司可以根据需要把两种工具合并使用，也可以用这两种工具中的任何一种。

工具介绍

人才画像

在产品营销中有用户画像，就是营销人员根据购买产品的大多数用户的情况，寻找出用户的共同特征。岗位人才画像是公司根据同类岗位或相似岗位上大多数优秀员工的特性，描绘出岗位需要的人才的各类特质。无论是用户画像还是人才画像，都是为了把视野聚焦在某一类人身上，集中优势的资源，重点针对这类人群采取某种行动。

描绘人才画像的 3 步

人才画像数据采集的维度可以和岗位胜任力模型的分类维度一样。按照大类分，人才画像有素质、知识、能力和经验，如果细分人才画像可以包括身高、体重、年龄、性别、性格、属地、爱好、动机、专业、学历、学校、成绩、培训、资质等。

对于采集后的数据，在进行整理归纳、分类汇总和关键信息提炼之后，公司就能够初步得到人才画像。公司可以加入一些标签化的描述，例如独立、幽默等；也可以加入一些数字化的描述，例如 2 项成就、3 年经验、5 个项目等包含数字的信息。

没有经过应用的人才画像，不知道其准确性。所以在正式应用人才画像之前，要有一个论证的过程，也就是验证测试。验证测试的方法可以是把做好的人才画像给人才样本看、给人才样本的管理者看、给公司的高层管理者看或者给外部专家看，请他们分别提意见。另外，实践是检验真理的唯一标准，公司也可以通过不断实际应用和不断调整，得出相对准确的人才画像。

描绘人才画像的 6 点注意事项

选准人才样本

描绘人才画像最好的数据来源是找到"人才样本"。人才样本就是公司要以谁为目标样本，照着谁的样子，来描绘这类岗位的人才画像。最好的人才样本，是从事这个岗位的高绩效员工。高绩效员工绩效高，一定是有道理的，描绘人才画像正是去研究这个道理。

并非完全复制

人才画像并不是完全复制某一个岗位上某一个优秀员工的样子，而是参考多个优秀员工的样子，描绘出他们共同具备的特质，尤其是那些激发他们产生高绩效的诱因性特质。

多种渠道采集

除了人才样本外，公司还可以从人才档案、岗位说明书、岗位分析、管理者访谈等来采集需要的数据。对于人才样本，公司可以通过调研、访谈、观察来获得数据；对于资料类文件，公司可以查阅档案、可以检索关键信息。

不断发展变化

因为环境是不断发展变化的，公司对人才的要求也必然不断发展变化。今天的优秀员工明天不一定还是优秀员工。所以优秀员工的人才样本可能会根据情况发生变化。

加入场景描述

可以加入一些场景的描述，让人才画像更加真实和立体。例如对某类人才的画像可以说：当你对他表示某件事不可能时，他会表达出"世界上没有什么事是不可能的"。

适度采集信息

公司对数据的采集不是维度越多越好，也不是越细越好，而是要根据不同岗位的实际需要，在关键维度上比较多地采集数据；在无关的维度上，比较少地或干脆不采集数据。

小贴士

人才画像和岗位胜任力一样，不仅可以为人才招聘选拔服务，还可以成为人才评价、人才使用、人才培养等方面的重要依据。通过对现有员工与人才画像的比对，公司能够找出现有员工的能力缺陷，并补充其能力缺陷。

6.2 学习动机

　　成年人的学习是在他们探索和解决生活或工作中遇到的实际问题的过程中，基于对问题的反思和体验，而获取新的观念、知识、技能，形成新的认知结构的过程。当这一过程操作到位、形成闭环时，成年人往往会迎来素质的全面提升。

6.2.1　学习源头：他为什么不爱学习

🔒 **问题场景**

做好了岗位和员工之间的匹配之后，员工的能力培养就没问题了吗？

还不行。公司还需要激发起员工的**学习热情**，不然的话就是"烧火棍一头热"。

对。我总是忽略这一点，怪不得公司做培训时很多员工都不认真对待。

这是典型没有调动起员工的**学习动机**的表现，他们会认为公司做培训是"要我学"，而不是"我要学"。

怪不得有句话叫"学习不自费，永远学不会"，这里的"自费"指的就是"我要学"。

员工有了学习动机，当他们想学习、愿学习时，就算公司不组织培训，员工也会主动找资源学习。

怎么激发员工的学习动机呢？

这里需要结合个体需求，当员工有渴望满足的需求时，只要经过正确的引导，就能够产生学习动机。

问题拆解

成年人的学习不是公司希望他们学什么，他们就会学什么。成年人的学习意愿、学习热情、学习态度以及想要学习的内容与个体需求有很大关系。当成年人想学习时，学习效果是最好的。当成年人不想学习时，再好的学习资源，也不会让成年人产生兴趣。

👓 工具介绍

成年人的学习动机来源

成年人的学习动机来源于个体未满足的需求。但并不是只要存在未满足的需求，成年人就会开始主动学习。要想让成年人产生学习动机，还需要有未满足的需求产生的驱动力和由驱动力产生的学习诱因。

个体未满足的需求对个体越重要，产生的驱动力就越强。未满足的需求通过学习的方式解决的效果越明显，环境提供过的学习资源越充沛，驱动力转化为学习诱因的可能性就越大。成年人在驱动力和学习诱因的趋势下，将会主动产生学习行为。成年人根据学习行为结果对目标的实现情况（学习经验），产生对再次学习意愿的强化或减弱。

成年人的学习动机来源图

学习诱因是把驱动力与学习内容联系在一起的学习理由。有了学习诱因，成年人才会把学习后的结果和未满足的需求联系起来，产生要学习的想法和动机。

当目标没有实现，个体需求仍然未满足时，成年人将会有新的学习动机形成过程。有增强回路，就有消减回路。如果成年人频繁接收到"学习无用"的信号，频繁体会到"学习无用"的感受，就可能会形成学习的消减回路。

当成年人有学习的想法，并开展学习的行动时，目标就形成了。

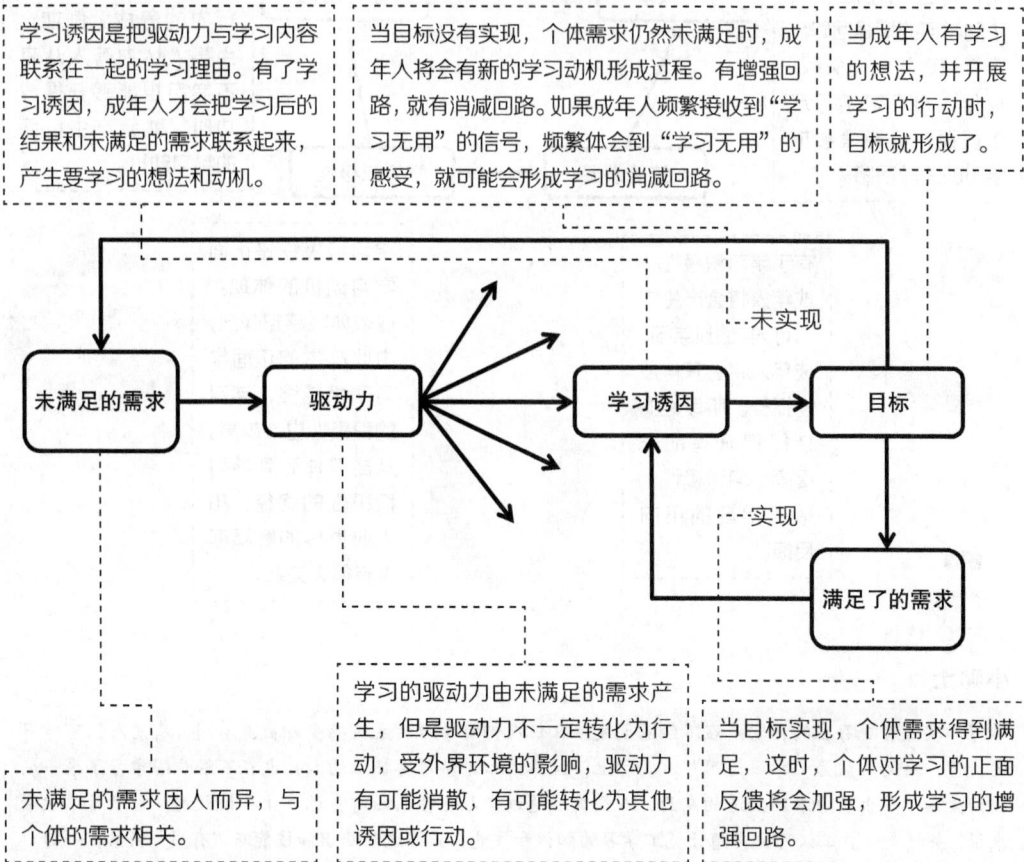

未满足的需求因人而异，与个体的需求相关。

学习的驱动力由未满足的需求产生，但是驱动力不一定转化为行动，受外界环境的影响，驱动力有可能消散，有可能转化为其他诱因或行动。

当目标实现，个体需求得到满足，这时，个体对学习的正面反馈将会加强，形成学习的增强回路。

成败体验如何影响学习动机

成年人的成败体验直接影响着学习的动机，尤其是当成败体验与学习的相关性比较明显时。
例如，某人遭遇求职失败，且失败的主要原因是知识层面的差距，这时成年人就会产生正面的学习动机。

技能的掌握情况影响着学习效果，学习效果影响着成败体验。若学习效果最终指向成功，将会强化成年人主动学习的增强回路；若学习效果指向失败，成年人将会对学习产生质疑，可能会形成学习的消减回路。

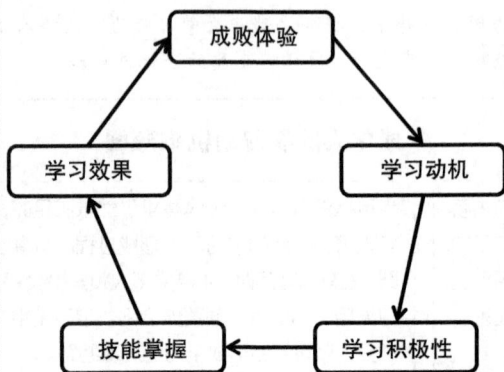

```
            成败体验
          ↗        ↘
    学习效果          学习动机
       ↑                ↓
    技能掌握  ←──────  学习积极性
```

学习动机有正面有负面，不一定直接产生学习行为。有的成败体验会产生负面的学习动机，不利于学习行为的养成。例如，当某人认为有人从来不学习也能够获得成功时，就会产生负面的学习动机。

有了学习积极性，成年人将会产生学习行为。通过学习，成年人将会获得技能提升。阶段性的技能提升有助于提高学习积极性，形成学习的正向反馈。

学习积极性是正面学习动机的体现。成败体验感越强烈，由此产生的正面学习动机越强，学习的积极性也会越高。从成败体验到学习积极性的路径，和人对世界的解释框架有很大关系。

小贴士

学习其实是客观存在的，它总在不经意间发生，但人们对学习的主观感受却截然不同。有的人认可学习的价值，有的人认为"学习无用"。实际上，就算内心对学习再抵触的人，也在不经意间学习了很多。因为生活中有太多原本不知道的东西，人们需要通过学习这些东西对自己产生积极效用。对于员工激励来说，关键是让员工认可公司想让员工学习的知识和技能，并将这些知识和技能与"有用"联系在一起。

6.2.2 学习特点：关键其实是有用

看来我需要先想办法激发出员工的学习意愿，把学习和员工的利益联系在一起，然后就可以全面提高员工的知识和技能了。

全面提高员工的知识和技能指的是什么？

就是全方位、多角度地对员工实施培训，全面提升员工的整体素质和能力。

这样员工是不是要接受很多与他岗位工作无关的培训内容呢？

也不能说完全无关。例如一些国学思想、历史文化的课程，对陶冶情操有很大帮助，对工作应该也会有帮助。

这样做培训给员工灌输的内容太多，不仅成本高、没效果，而且很可能适得其反。

为什么？让员工多学习有什么不好吗？

学多了对公司没用，对员工也没用。没有用就可能会形成学习的消减回路，让员工失去学习的积极性。

问题拆解

公司培训不是学校教育，成年人的学习，不是尽可能多地获得知识和信息，而是查漏补缺，需要什么补充什么。这里的"需要"不仅是个人的需要，更重要的是公司的需要、部门的需要、岗位的需要。对成年人的培训，目的不是想办法让他知道得更多，而是通过让他知道一些关键信息，改变他的行为。

👨 **工具介绍**

成年人的学习特点

成年人容易接受的学习模式更偏向"功利化",而非"全面化"。成年人不追求什么都知道,更希望知道能帮助自己解决某个实际问题的关键信息。成年人更喜欢"学完就会,会了能用,用了能解决问题"的学习模式。所以公司帮助员工学习应采取的是专项的"培训",而不是普世的"教育"。

成年人学习的 4 个典型特点

功能导向

成年人必须知道为什么学习才会愿意学习,也就是成年人的学习必须学以致用,没有用的学习内容,成年人难以接受。对成年人来说,学习某项内容是达到某个目标或者取得某种成就的必要手段,例如为了个人事业成功和职业发展的需要而学习。

追求认可

在学习的过程中,成年人渴望获得感,渴望自己的进步被别人发现,渴望因为自身进步而创造的价值或贡献获得即时的认可。对成年人学习的内在激励不仅来自学习之后的成长本身,更来自成长之后的正向反馈。

相互尊重

成年人需要在一个相对具有宽容性和接纳性,具有支持力的环境中学习。他们希望获得足够的尊重。他们比较希望与老师之间的关系是一种在某一个问题上的交流分享、充分参与、合作共赢的关系,而不是你强我弱、高下分明、单向沟通的关系。

多元维度

成年人需要的学习内容不仅是好坏对错的二元是非观或利弊观,而且是偏重于对问题更深层次地探讨和对问题核心本质把握的维度观。对于同一个问题,不同的人,在不同的时间,站在不同的角度,很可能会有不同的结论。

成年人学习特点和未成年人学习特点的比较

区别项目	未成年人	成年人
学习目的	提升个人素质、知识	处理生活中某个具体问题。以问题为中心、以任务为中心或以生活为中心
学习意愿	取决于身体发育的程度和心智模式的成熟程度。有依赖性,有时需要依赖他人,通常主动性较差,大多是被动地接受	取决于是否能够意识到所学内容对自己的益处和重要性,成年人偏向于只学习他们认为需要的。实用是成年人学习的第一需要,所以成年人的学习会带有很强的目的性。成年人的学习相对比较独立,当迫切需要解决某方面问题时具有较强的学习主动性
学习方式	课堂授课为主,与实践接触较少	在做中学,在学中做。实践和成年人学习的关联性非常强,方式可以多种多样
学习环境	相对比较正式、单一、固定	地点可以随时随地改变,场景可以多种多样
时间观念	由于学习内容和提倡待解决问题的关联性小,存在一定的滞后性,所以没有强烈的紧迫感	当遇到问题时,成年人迫切需要获得相应的知识或技能,期望用最短的时间快速解决问题。对于不能解决问题的知识或技能无紧迫感
经验情况	有较少的经验可以用于评价和判断学习内容	成年人具有独特的个人经验,在学习中喜欢运用过去的经验对学习内容做评价和判断,而且年龄越大,这种个人经验越丰富

小贴士

相对于未成年人,成年人的学习能力并不一定会随着年龄增长而明显下降。相反,成年人因为已经具备一定知识储备,对事物已经形成了一定的认知结构,具备一定的独立思考的能力,所以,即使随着年龄增长,一些生理机能下降,但和未成年人相比,成年人在学习的很多方面是具有优势的。

问题场景

既然没有必要对员工实施全面教育，那我就根据员工欠缺的能力，有针对性地统一组织员工培训吧。

有针对性不仅要体现在培训内容中，还要体现在员工个体上。

难道要根据员工个体情况分别制订不同的培训内容？这样做成本太高了，而且不现实。

并非不现实。公司是有可能弥补每个员工的每项能力欠缺的，方式当然不是集中培训。

那应该怎么实现呢？

需要部门管理者根据员工情况，和他一起制订学习计划，通过公司提供统一学习资料，员工自学的方式，就可以实现。

这种方法我之前真没想到过。这样做，就可以针对不同的员工情况，满足他们个性化的知识技能需求了。

还可以运用一些其他的方法或技术，例如 E-Learning，社群打卡学习，小组式分享学习等。

问题拆解

不同的员工不仅在欠缺的能力上有所不同，而且在认知水平、心智模式上的差异也比较大。集中培训虽然可以提供标准化的知识，但难以满足员工的差异化和个性化。要保证员工最佳的学习效果，最好的办法是因人而异，对每个员工采取不同的学习培养计划。

工具介绍

成年人的学习方法

孔子说"因材施教"。一套学习方法不一定适合所有人。针对成年人采取的学习方法与成年人的认知水平有关。认知水平分成 4 个阶段，分别是不知道自己不知道，知道自己不知道，知道自己知道，不知道自己知道。

针对处在不同认知水平的员工，公司应当采取不同的学习方法。

学习方法与认知水平的对应关系

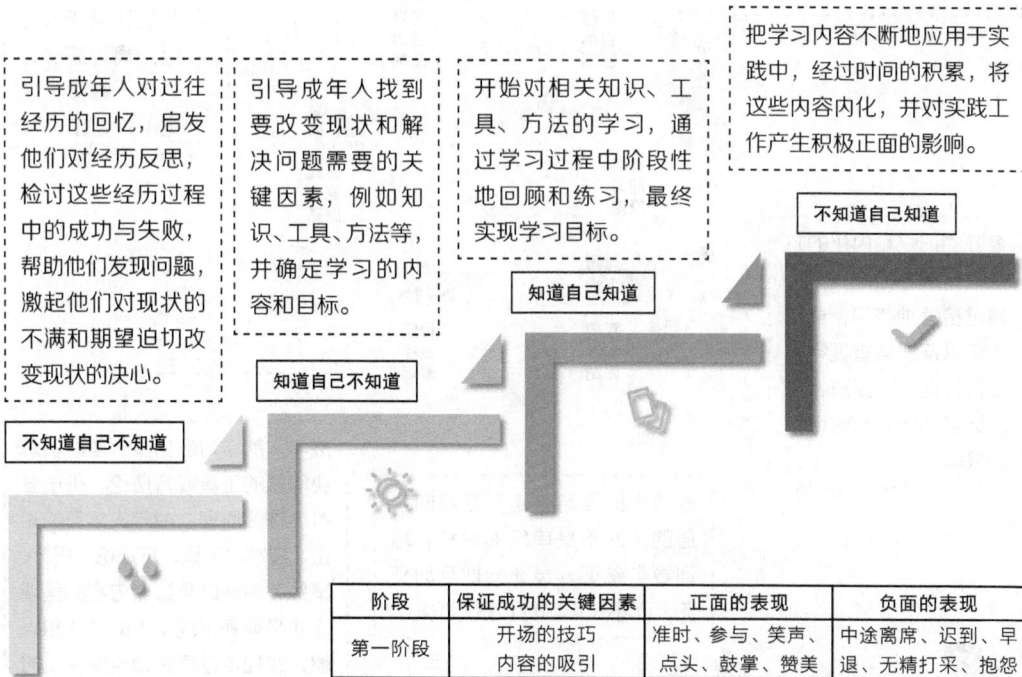

把学习内容不断地应用于实践中，经过时间的积累，将这些内容内化，并对实践工作产生积极正面的影响。

不知道自己知道

开始对相关知识、工具、方法的学习，通过学习过程中阶段性地回顾和练习，最终实现学习目标。

知道自己知道

引导成年人找到要改变现状和解决问题需要的关键因素，例如知识、工具、方法等，并确定学习的内容和目标。

知道自己不知道

引导成年人对过往经历的回忆，启发他们对经历反思，检讨这些经历过程中的成功与失败，帮助他们发现问题，激起他们对现状的不满和期望迫切改变现状的决心。

不知道自己不知道

保证成年人学习过程 4 个阶段成功的关键因素及正面和负面的表现，如右表所示。

阶段	保证成功的关键因素	正面的表现	负面的表现
第一阶段	开场的技巧 内容的吸引	准时、参与、笑声、点头、鼓掌、赞美	中途离席、迟到、早退、无精打采、抱怨
第二阶段	控场的能力 引导的技巧	清晰、明白、能讲出来	混乱、模糊、讲不出来
第三阶段	知识的可传播性 技能的可操作性	记得住、实用、切合实际	记不住、没有关联、与现实脱节、不到位
第四阶段	态度和行为的改善 投资回报率的改善	观念、思维、态度、行为的改善，客户满意度提高，效益提高，效率提高，成本降低	不思进取、依然故我、毫无改变、成效不高

成年人的 6 大学习原则

因为成年人习惯于带着较强的目的性学习的特点，公司对成年人实施的培训和学习应当有明确的价值和目标。说不清楚、漫无边际、不切实际、没有价值的目标都无法让成年人产生学习的意愿和动力。

成年人学习的动力往往来自其对生存或发展等现况的不满以及对未来的憧憬和渴望。成年人认为学习内容对他未来生存或发展起到的积极作用越大，其学习动力被激发的程度就越高，主动学习的意愿就越强，学习效果就越好。

成年人的学习应尽可能多地动用人的各种感官，例如视觉、听觉、触觉等。单纯地讲解（听觉），不如让成年人看到实物（视觉），若能让成年人更近距离地感受、操作、触摸（触觉）等更好。

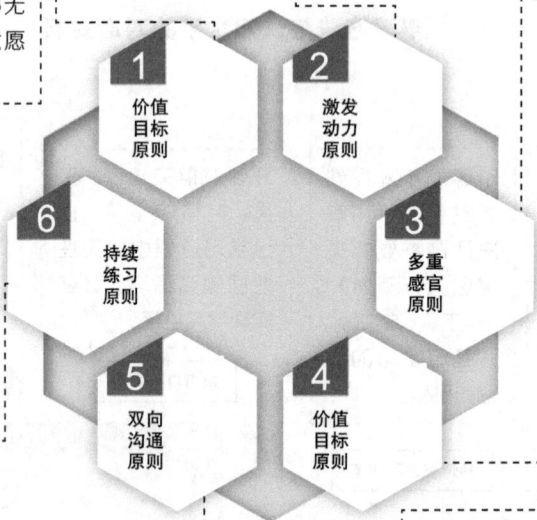

1 价值目标原则	2 激发动力原则
6 持续练习原则	3 多重感官原则
5 双向沟通原则	4 价值目标原则

最好的记忆和内化的方法是持续不断地重复。通过持续地练习，成年人可以不断地重复学习获得的信息，提高将短时记忆转变为长时记忆的概率。

成年人的学习一定要是双向沟通的，而不是单纯的说教。培训要与参训人员充分地互动交流，而不是单向地传授知识。

成年人的学习应当多一些能够解决问题的工具或方法论，少一些概念性的原理。成年人学习的知识、技术、工具、方法论、资料、案例等内容以及这些内容的呈现方式必须满足成年人的需要和兴趣，课程全过程必须与要实现的目标紧密相连，成年人才会有学习的意愿和动力。

小贴士

在成年人培训学习的过程中，培训师要鼓励他们提出问题，并解答他们提出的问题。对成年人的学习情况，管理者应即时地给予反馈。成年人学习的开始阶段非常重要，好的开始能够吸引成年人的注意力，让成年人快速了解学习的方向。所以，在成年人还没开始学习之前，管理者先让他们知道为什么学习，这直接影响着学习效果。

6.3 能力培养

公司对不同岗位的员工的能力培养方式有所不同。在公司中比较重要、比较典型的岗位包括管理岗位、营销岗位和技术岗位。这三类岗位对员工能力的需求各有特点，管理者只有根据岗位特点实施员工能力培养，才能收获好的效果。

6.3.1　管理岗位：分层级区别对待

🔒 **问题场景**

做员工的能力培养，重点应该培养员工哪方面的能力呢？

员工的岗位不一样，培养的重点内容也不一样。

管理人员非常重要，对管理人员的培养内容应该都差不多吧？

培养管理人员和培养其他岗位的员工确实不同，培养管理人员更偏重培养管理人员带团队的能力，而不是某方面的专业精深。

我也这么认为，培养管理人员时，还是应该培养管理人员的管理能力。

在培养管理人员时，对高层、中层和基层管理人员也分别有不一样的培养内容。

有什么不同呢？

对基层管理人员应更偏重岗位业务能力培养，中层管理人员的培养内容比较平均，对高层人员更偏重管理能力培养。

问题拆解

除了一些通用知识之外，公司对不同的岗位、不同的职位，应当采取不同的培养内容和培养方式。管理人员是公司中行使管理职能、指挥或协调他人完成工作任务的人员，其能力的大小、工作绩效的高低直接关系着公司的兴衰成败，是公司最宝贵的人才财富之一。对管理岗位的培养，公司应当格外重视。

👨‍🏫 **工具介绍**

管理岗位特点

公司管理人员分为不同的层级。不同层级的管理人员（基层、中层、高层）在公司中扮演着不同的角色，他们具有不同的工作目标，需要不同的管理技能。管理人员的岗位特点决定了公司对各管理人员培训的侧重点有所不同。

基层管理人员既是公司一线的执行者又是管理者，因此基层管理人员在工作中既要关注细节、效果问题，进行人员管理；又要身体力行、业绩突出，起到带头作用。

中层管理人员是公司管理人员的重要组成部分，起着上传下达、承上启下的作用。他们一方面关注着高层管理人员制定的战略规划，另一方面对接着公司员工的执行问题。

高层管理人员负责整个公司的战略规划、业务经营模式、组织文化搭建等。高层管理人员主要关注公司全局、长远、良性的发展问题。

对基层、中层、高层管理人员能力培养的不同

对基层管理人员的培训侧重于服务意识、绩效考核、目标考核、成本管理、质量管理与督导、投诉处理及业务流程、工作指导方法、工作改进方法、人际关系的培训等，使基层管理人员具备经营管理工作的素质。

01 基层管理岗位

基层管理岗位是公司管理的基石，是在公司中主要处于一线的管理岗位，同时也会负责实际工作。基层管理人员在需要有较强的业务技能的同时也要能够具体进行业务的指导与监督。

02 中层管理岗位

中层管理岗位一般是公司的中流砥柱，是公司的腰部力量。中层管理人员需要有较强的组织能力、协调能力、沟通能力，进行公司信息的上传下达，组织部门实现部门目标。

对高层管理人员的培训侧重于经营理念、服务意识、公司集团化发展、战略规划能力、资本运营能力与投资决策能力、人才开发与制度创新能力、统领全局的能力、控制能力等高级工商管理方面的培训。

对中层管理人员的培训侧重于经营管理基本理论与实际运用的培训，包括在服务意识、部门目标管理、绩效考核、成本控制、市场营销、人力资源开发与培训、员工激励、沟通技巧、领导艺术等方面实施有针对性的培训。

03 高层管理岗位

高层管理岗位是公司的中坚力量，管理着整个公司的高层管理人员需要有较强的战略规划能力，进行公司战略规划，对公司总体进行把控。

管理岗位 3 大胜任能力

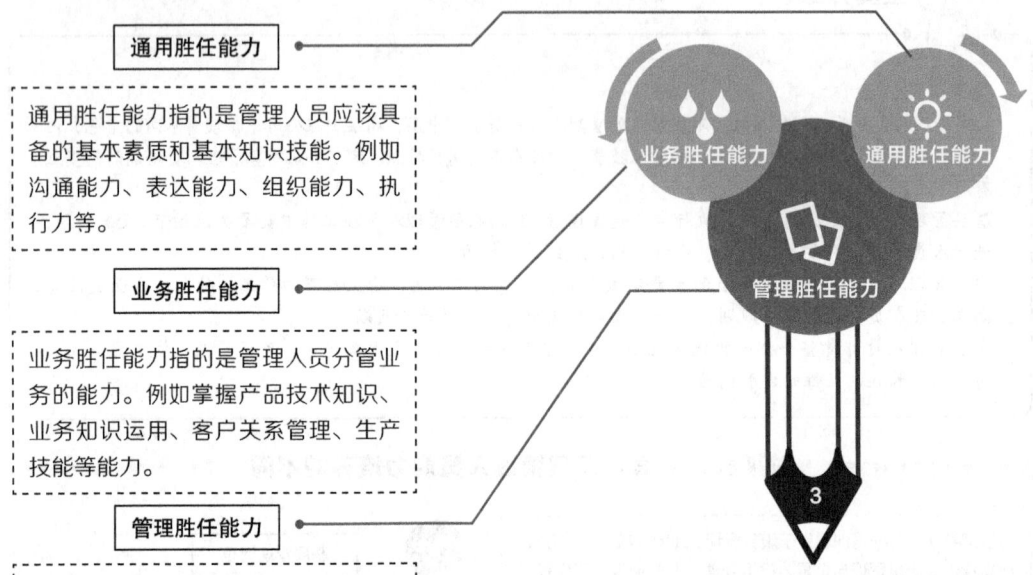

通用胜任能力

通用胜任能力指的是管理人员应该具备的基本素质和基本知识技能。例如沟通能力、表达能力、组织能力、执行力等。

业务胜任能力

业务胜任能力指的是管理人员分管业务的能力。例如掌握产品技术知识、业务知识运用、客户关系管理、生产技能等能力。

管理胜任能力

管理胜任能力就是管理能力，也叫管理技巧和个人特质。例如领导能力、目标管理能力、时间管理能力等。

业务胜任能力　　通用胜任能力

管理胜任能力

3

管理人员层级不同，公司对其能力的要求也不同。管理人员的层级越高，公司对其管理胜任能力的要求就越高，对其业务胜任能力的要求越低；反之，管理人员层级越低，公司对其管理胜任能力的要求就越低，对其业务胜任能力的要求相对提高。

不同层级管理人员胜任能力构成如下所示。

岗位层级	业务胜任能力	通用胜任能力	管理胜任能力
高层管理人员	20%	30%	50%
中层管理人员	30%	30%	40%
基层管理人员	50%	30%	20%

小贴士

所有管理人员不论处在什么层级，担任什么职务，都需要拥有与其岗位职责相适应的管理能力，基于不同层级管理人员的岗位特点，其应该具有的管理能力也有所侧重。基层管理岗位更偏重专业技术能力，中层管理岗位更偏重计划与组织能力，高层管理岗位更偏重分析与决策能力。

6.3.2　营销岗位：提升业绩为目的

公司的营销总是做得不好，我觉得和员工的营销能力有很大的关系。

确实会有关系。员工营销能力的高低对业绩的影响比较大。

怎么培养营销类岗位的员工的能力呢？

首先要根据前面讲过的"人岗匹配"或"人人匹配"，定义出公司想看到的营销人员的样子。

也就是岗位胜任力和人才画像是吗？

没错。知道了想要的样子，就有了"模子"，接下来就是照着"模子"刻了。

原理并不难，就是不知道公司实际操作起来会出现什么问题。

只有公司最高管理者掌握这种方法还不够，各个层次的管理者都要掌握，并按照这种方法对下属实施。

问题拆解

营销人员的个人能力决定了营销人员的销售业绩，从而影响公司的业绩。所以说营销人员是公司利润的创造者。对营销人员实施能力培养的最佳策略是找到差距、查漏补缺，即公司针对当前营销人员存在的问题实施能力培养。

工具介绍

营销人员能力培养

营销人员的主要工作职责是发掘客户需求，把握客户心理，通过满足客户需求进行产品推广及销售工作。根据岗位胜任力模型，可以帮助公司明确营销人员的培训需求，按照岗位胜任力模型中营销人员的素质要求设置相关的培训课程。公司通过营销岗位培训提升营销人员的综合素质，使营销人员工作绩效得到提高，进而达到企业绩效提升的目的。

营销岗位培训常见的 4 种形式

入职培训	每日复盘	集中培训	新产品推广前培训
在营销人员入职上岗前，公司进行入职培训，主要是公司介绍、公司文化、行业知识、产品知识、营销技巧等方面的培训。	每天工作结束后对当天工作进行复盘，主要是上级对下级工作进行指导。	主要是在工作之余，公司安排营销人员集中培训，例如营销技巧提升等培训。	主要是在新产品推广之前，公司组织营销人员进行新产品知识的培训。

营销岗位培训中使用频率最高的 3 种方法

课堂讲授法	实战演练法	角色扮演法
讲师按照准备好的课程系统地向受训者传授知识。它是最基本的培训方法，是适合营销知识类培训的直接传授培训方法。有灌输式讲授、启发式讲授、画龙点睛式讲授 3 种方法。讲师是课堂讲授法成败的关键。	实战演练法是让学员在实际工作过程中或真实工作环境中，运用所学知识与技能亲身操作、体验，通过不断地进行实践工作，学员积累工作经验，掌握工作所需的知识、技能的培训方法。这种方法在营销岗位培训中应用得最普遍。	角色扮演法是参与式培训法的一种，主要是调动学员积极性，让学员在培训中扮演营销人员与客户，运用学习到的各种技巧进行模拟练习，考察学员对培训知识与技巧的掌握程度，让学员在双方互动中学习。

3 种营销类岗位培训课程

业务拓展岗位课程设置 1

课程模块	课程内容
营销技巧	寻找目标客户、洞察客户心理、如何说服客户
产品知识	公司产品知识、竞争对手产品知识
沟通技巧	高效沟通
心态培训	正能量、心态转变
公司文化	公司文化、团队建设

网络销售岗位课程设置 2

课程模块	课程内容
客户定位	产品分析方法、客户细分模型
网络推广	推广渠道选择、推广方式选择、推广内容撰写
在线销售	产品介绍技巧、产品报价策略、客户跟踪与达成
售后服务	退换货处理技巧、客户投诉处理技巧
公司文化	公司文化、团队建设

店面销售岗位课程设置 3

课程模块	课程内容
销售技巧	消费者心理分析、产品销售话术
产品知识	公司产品知识、产品演示技巧
职场礼仪	接待客户礼仪手册
沟通技巧	赞美客户的秘诀、达成交易的沟通技巧

小贴士

在安排营销岗位的培训时间时需要注意以下 3 点。

（1）不能打乱营销人员正常的工作日程。

（2）不能因培训的密度过高而引起营销人员消化不良。

（3）尽量不要安排晚上培训。

6.3.3 技术岗位：围绕着产品开发

公司现在技术岗位员工的能力也不行，我可以按照营销岗位的方式来实施能力培养吗？

大方向可以一样，但技术岗位有比较个性化的典型特点。

很多时候，技术岗位要求的基础知识和基本技能是一定的，在知识和技能层面，员工只需要达标了就可以。这类岗位员工的未来能力的差距，不在这里。

什么特点？

技术人员最大的能力差距，主要在创新能力，这虽然也是一项能力，但主要和技术人员的心态有很大关系。

那在什么地方？

可以。不过改变心态最好的方式，是通过管理者平时的培养而不是集中的培训。

心态也可以通过培训改变吗？

问题拆解

技术类岗位需要两种能力：一种是岗位需要的知识和技能，也就是要具备从事岗位的条件；另一种是技术创新能力，也就是要具备勇于创新的意识。技术创新能力与岗位需要的知识和技能存在关联性，但关联性不强。管理者日常对员工在工作中的引导和培养更有助于培养技术创新能力。

工具介绍

技术类岗位能力培养

技术人员主要的工作职责是研发新技术、开发新产品，技术人员的技能水平和创新能力决定了技术人员的创新及产品开发结果，从而影响公司在市场上技术和产品的竞争力。所以说技术人员是公司技术创新的源泉和公司产品发展的动力。

管理者一方面可以依据技术人员的岗位职责，在参照优秀技术人员胜任行为特征的基础上构建技术人员岗位胜任力模型，分析技术人员现有能力与岗位胜任能力的差距，并根据差距制订技术人员的培训课程；另一方面也要注意在平时对技术人员创新意识和创新精神的培养。

技术岗位培训常见的 4 种形式

入职培训

在技术人员入职上岗前，公司进行入职培训，主要是公司介绍、公司文化、行业知识、技术知识等方面的培训。

技术认证

公司安排专业技术人员参加学习进行技术认证。

集中培训

主要是在工作之余，公司安排专业技术人员集中培训。

新技术培训

主要是在上新项目、新设备、新技术推广之前，公司组织技术人员进行培训。

技术岗位培训中使用频率最高的 3 种方法

课堂讲授法

课堂讲授法是讲师按照准备好的课程系统地向受训者传授技术知识的一种方法。它是最基本的培训方法，是适合技术知识类培训的直接传授培训方法。讲师技术水平的高低、授课方式、课程难易程度是课堂讲授法成败的关键。

专题讲座法

专题讲座法是针对一个技术专题，公司邀请一位或几位技术专家针对新的技术知识或技术发展趋势进行专题讲座。专家讲解让学员在学习过程中学习到最新的技术知识或了解最新技术发展趋势。

研讨法

研讨法是参与式培训法的一种，主要是组织技术人员参加研讨会，就目前公司技术情况进行积极讨论，调动培训对象积极性。这种方法比较适合公司在不断寻求技术创新时，给予公司技术人员启发性思考。

3 种技术类岗位培训课程

网络技术岗位课程设置 1

课程模块	课程内容
专业技术	行业技术发展趋势、最新技术知识
产品开发	公司产品知识、竞争对手产品知识
项目管理	项目管理、项目管理平台使用技巧
目标管理	目标管理
公司文化	公司文化、团队建设

生产技术岗位课程设置 2

课程模块	课程内容
专业技术	行业技术发展趋势、最新技术知识
产品开发	公司产品知识、竞争对手产品知识
项目管理	项目管理、项目管理平台使用技巧
生产安全管理	安全生产知识、技术安全管理、操作规范
职业操守	技术人员职业操守
公司文化	公司文化、团队建设

工程技术岗位课程设置 3

课程模块	课程内容
专业技术	行业技术发展趋势、最新技术知识
工程管理	工程流程管理
品质管理	品质管理
项目管理	项目管理、项目管理平台使用技巧
生产安全管理	安全生产知识、技术安全管理、操作规范
职业操守	技术人员职业操守
公司文化	公司文化、团队建设

小贴士

在安排技术类岗位的培训时间时需要注意以下两点。

（1）及时性：当新技术出现时公司一定要及时安排技术人员培训学习。

（2）提前性：在新设备使用、新项目开始之前，公司要提前安排技术人员学习，掌握新技术。

第 7 章 绩效辅导

本章背景

绩效管理也能够提高员工对"实现的概率"判断，从而帮助管理者实现员工激励吗？

可以。不过准确地说，不是全部的绩效管理环节都有这个作用。例如，在绩效结果应用的环节，主要能强化员工的价值判断的是"预期的价值"。

那么在绩效管理中，什么环节能够提高员工对"实现的概率"的判断呢？

主要体现在绩效辅导的环节。也就是在还没有得出绩效最终结果，没有兑现绩效价值之前，管理者对员工实施的帮助和辅导。

怎么做绩效辅导能够有利于员工激励呢？

让我们分别从辅导意识、辅导技巧和辅导监控 3 个方面，来探讨一下如何做好绩效辅导吧。

背景介绍

绩效辅导指的是管理者就员工当前的绩效进展情况，与其讨论可能存在的潜在问题和障碍，并与其共同制订方案、解决问题的过程，是管理者（上级）辅导员工（下级）共同达到目标或计划的重要方式。绩效辅导能够帮助员工完成绩效，获得成败体验，同时能够提升员工能力，提高员工对"实现的概率"判断，从而起到提高员工激励效果的作用。

7.1 辅导意识

　　如果管理者想让员工的行为得到改变，让员工始终维持高水平的绩效，那么就要持续不断地把员工的绩效情况或行为状况反馈给员工。这个沟通、反馈与改进的过程，就是通过绩效辅导工作实现的。实施绩效辅导，首先要提高管理者的绩效辅导意识。

7.1.1 辅导价值：有或没有差别大

🔒 **问题场景**

我之前一直认为绩效管理就是和员工制订好了目标之后，到规定时间再看员工目标的实现情况，然后根据情况给员工发奖金。

这个是"秋后算账"式的绩效考核，而不是绩效管理。

是的。实施绩效管理的目的是完成绩效，可员工能否完成绩效与很多因素有关。

绩效管理不仅关注结果，还要关注过程是吗？

管理者给员工制订了目标就不管，员工很可能不会重视目标，而且员工可能在实现目标的过程中遇到难以解决的困难，管理者却不知道。

我也发现了，给员工制订好绩效目标之后，如果放着不管，可能会出很大的问题。

是的。绩效辅导是绩效管理的灵魂，因为有绩效辅导，绩效管理才称得上是管理，而不是简单地制订目标，评价结果。

所以管理者针对绩效目标的绩效辅导是必须的，是吗？

问题拆解

绩效管理与绩效考核是完全不同的两种概念，绩效考核的关注点在目标和结果层面，绩效管理的关注点不仅包括目标和结果，还包括员工完成绩效的过程。通过管理者对员工实施绩效辅导的过程，员工能够成长。管理者实施激励后，产生效果的可能性更大。

👨‍🏫 **工具介绍**

绩效辅导

绩效辅导指的是在绩效管理运行的过程中，管理者和员工一起跟踪员工的绩效结果，通过持续地沟通，发现员工的绩效问题，找到员工绩效能够改进的方面，并对员工进行一种有计划、有目标、有步骤的指导、培训或帮助，从而激发员工的潜力，提升员工的能力，最大程度地提高员工绩效目标实现的可能性。通过绩效辅导，管理者可以帮助员工实现或超越已制订的绩效目标；绩效辅导能够保持管理者与员工之间不断地就绩效完成情况进行沟通，能保证员工始终明确组织和部门的目标和方向，特别是当组织或部门的战略目标或工作重点发生调整或变化时。

绩效辅导的价值

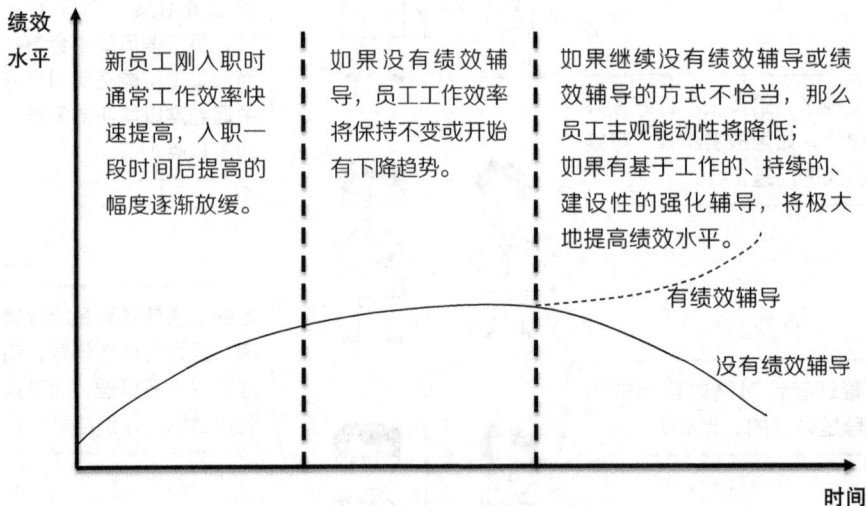

绩效水平

| 新员工刚入职时通常工作效率快速提高，入职一段时间后提高的幅度逐渐放缓。 | 如果没有绩效辅导，员工工作效率将保持不变或开始有下降趋势。 | 如果继续没有绩效辅导或绩效辅导的方式不恰当，那么员工主观能动性将降低；如果有基于工作的、持续的、建设性的强化辅导，将极大地提高绩效水平。 |

有绩效辅导

没有绩效辅导

时间

管理者在绩效辅导中的主要工作内容

为了改善绩效，与员工沟通或交流，为员工提供学习、培训和交流的机会。

定期召开工作总结或项目例会，就项目阶段性进展做出总结。

与员工就工作过程中的突发事件确定紧急处理方案。

对员工的有效行为做出鼓励，对无效行为及时做出纠偏。

对员工工作职责和工作内容做出安排或修改，对员工工作内容中关键要务进行讨论和反馈。

评估员工提出的工作请求、想法或资源协助，并给予其必要的支持。

对员工绩效目标或工作计划进行跟踪或修改，与员工讨论并做出员工个人绩效承诺更新。

绩效辅导的 6 个最佳时机

（1）当员工采取其他的工作方法才能更好地完成任务时。

（2）当员工被安排参与一项重大的或非同寻常的项目时。

（3）当员工学习绩效完成必备的新技能时。

（4）当员工面临新的职业发展机会，还在犹豫时。

（5）当员工未能按标准完成任务时。

（6）当员工分不清工作之间的重要性时。

小贴士

绩效辅导不应仅仅在绩效管理的前端或末端实施，而应贯穿绩效管理的整个过程。在绩效辅导的整个过程中，管理者的作用就是帮助员工最大化地发挥个人的潜能，实现工作目标。为了实现这一目标，管理者必须及时、主动地告诉员工个人的具体表现，让绩效辅导成为一个积极、主动、持续的沟通过程。

7.1.2 辅导分工：请把角色扮演好

🔒 **问题场景**

绩效辅导太重要了，公司原来没做过绩效辅导，现在要推行绩效辅导，要重点做好管理者的工作，是吗？

在推行绩效辅导的过程中，有3个重要角色，管理者只是其中之一，另外两个也要注意。

绩效辅导中有**辅导者**，**被辅导者**和**检查者**3大角色。

哪3个重要角色？

这3个角色分别有什么含义呢？

辅导者是实施辅导的角色，被辅导者是接受辅导的角色，检查者是检查公司绩效辅导实施整体情况的角色。

看来公司除了要让辅导者把自己的角色扮演好，还要让被辅导者和检查者扮演好自己的角色。

是的。只有3大角色都扮演好自己该做的，绩效辅导工作才能推行下去。

问题拆解

在绩效辅导工作中，管理者（上级）的角色非常重要。如果管理者能够尽职尽责，绩效辅导工作的进展将会非常顺利。但是绩效管理也不是管理者的独角戏。不是每个管理者都能扮演好自己的角色，也不是每个员工（下级）都能配合绩效辅导。所以在公司推行绩效辅导的过程中，需要辅导者、被辅导者和检查者分别扮演好自己的角色。

工具介绍

绩效辅导的角色分工

绩效辅导工作中有 3 大角色：辅导者，被辅导者和检查者。

辅导者是绩效辅导工作的实施者，是提供培训、帮助、资源和辅导的角色，一般指的是公司的各级管理者（上级）。

被辅导者是绩效辅导工作的接受者，是被培训、被帮助、被支持和被辅导的角色，一般指的是各级员工（下级）。

检查者是站在公司立场，检查各级管理者和各级员工对绩效辅导工作实施质量的角色，一般指的是在绩效管理工作中代表公司立场的部门，例如人力资源部门、总经办、企业管理部门。

管理者在绩效辅导中的 3 种定位

当员工出现目标上的偏差时，管理者应帮助其及时纠正。纠正的过程应当以启发为主，培训为辅，启发员工的思路，教会员工知识，锻炼员工技能。管理者可以成为员工的职业导师，帮助员工判断方向是否有误，方法是否得当，方式是否合理。

如果员工能够很好地履行岗位职责，能够按计划和目标有条不紊地开展工作，那么管理者应当放权或放手让员工进行自我管理。在这个过程中，如果员工遇到难题，管理者应当与员工一起解决难题，为员工提供一定的帮助，鼓舞员工的士气，和员工一起渡过难关。

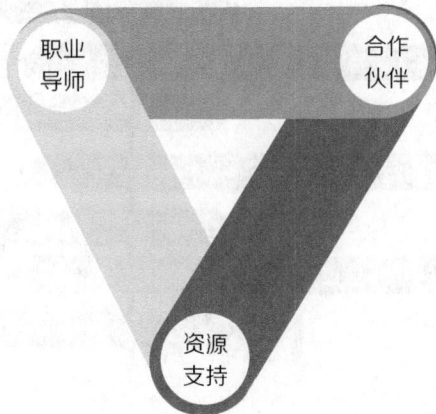

职业导师　合作伙伴　资源支持

员工因为自身职责和权限的限制，在某些方面可能会有调度资源的困难，而有时候，这些资源又是完成工作必需的。这时候，管理者应当帮助员工协调并获得开展工作所必需的资源，协助其完成工作任务。整个过程中，管理者和员工之间应加强沟通，做好工作关系的衔接，解决工作中的纠纷。

绩效辅导中管理者和员工的职责分工

🔊 管理者的职责

帮助员工获得成功	帮助员工提高能力	帮助员工再创佳绩
管理者应为员工提供帮助，使其获得成功的辅导，确保员工尽可能有效地处理遇到的各种绩效问题，以及可能存在的潜在问题和挑战。在这个过程中，管理者应充分地信任员工，充分地挖掘员工的潜能。	为了使员工工作的行为得到改善，管理者应为员工提供改善行为和提高能力的辅导，使员工的行为符合公司的要求，帮助员工提高某一特定领域的业绩能力，以便员工达到绩效要求。辅导员工提高能力时，管理者应以启发和传授为主，以技能辅导为辅。	当员工业绩表现出色时，为了使员工能够继续提高能力、再创佳绩，管理者应认同员工良好的业绩，鼓励员工保持良好的工作表现。管理者应表扬员工的出色业绩，认可员工的行为。

🔊 员工的职责

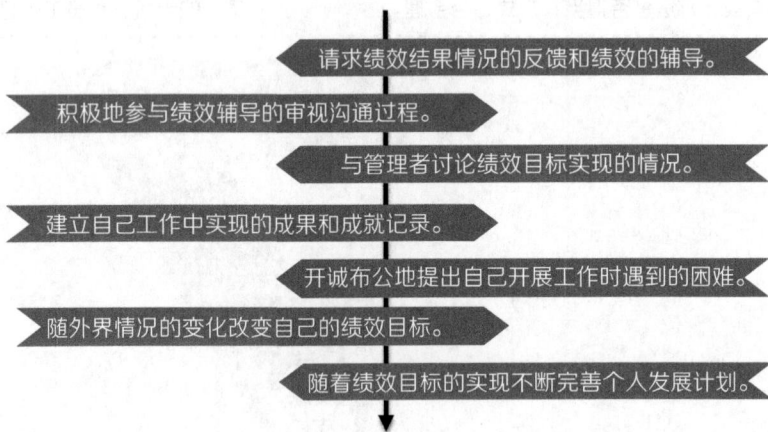

请求绩效结果情况的反馈和绩效的辅导。

积极地参与绩效辅导的审视沟通过程。

与管理者讨论绩效目标实现的情况。

建立自己工作中实现的成果和成就记录。

开诚布公地提出自己开展工作时遇到的困难。

随外界情况的变化改变自己的绩效目标。

随着绩效目标的实现不断完善个人发展计划。

小贴士

根据管理者为员工提供的支持内容不同，绩效辅导可以分成如下 3 个类别。

（1）为员工提供知识和能力的支持。

（2）帮助员工矫正行为的支持。

（3）为员工提供职权、人力、物力、财力等资源的支持。

7.2   辅导技巧

通过运用一些技巧，管理者在对员工实施绩效辅导时能够事半功倍，员工更容易发现和主动改变自身的问题，更容易接受管理者的建议。管理者经常用到的辅导技巧包括辅导沟通的技巧和辅导行动的技巧。

7.2.1 辅导沟通：必备的管理能力

要想绩效辅导起到好的作用，管理者的作用至关重要。我认为有必要在实施绩效辅导之前，对管理者做一次培训。

确实，不只是绩效辅导，很多管理工具都需要管理者掌握，并在团队中熟练运用。

我近期就要组织一场针对管理者的培训，教管理者做绩效辅导。

我建议最好把对管理者的培训变得体系化、常态化。

就是要经常对现在的管理者做培训吗？

不仅是现在的管理者，还有新晋管理者。把带领团队的能力、激励员工的能力作为管理者必备的能力，要求所有管理者必须掌握。

这个想法好。要培训管理者绩效辅导的能力，应培训哪方面的内容呢？

公司可以首先培训管理者在绩效辅导过程中的沟通技巧。

问题拆解

公司对管理者实施培训时，不必专门针对绩效辅导进行培训，可以把绩效辅导的培训与公司对管理者的培养结合在一起。绩效辅导本质上是管理者和员工相互沟通的过程，所以绩效辅导中最重要的技巧，是管理者的沟通技巧。

工具介绍

辅导沟通技巧

绩效辅导的沟通技巧可以分成倾听的技巧和沟通的技巧两种。认真地倾听是体现管理者对员工充分尊重的一种方式。如果管理者学不会倾听，那么绩效辅导很可能会演变成一种管理者单向的指示或命令。沟通的过程是决定考核双方绩效辅导质量的关键要素。良性的沟通能够把信息充分地表达出来，不良的沟通往往导致表达的信息不全面。

管理者绩效辅导中有效倾听的 5 大技巧

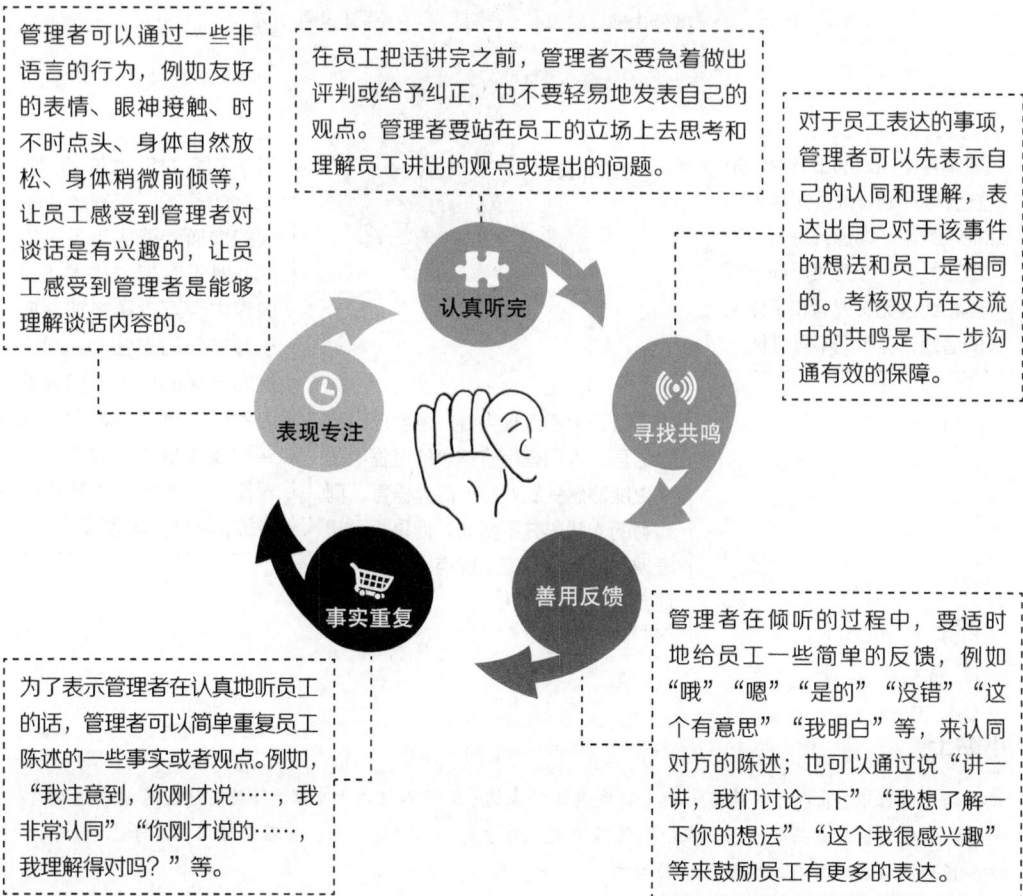

管理者可以通过一些非语言的行为，例如友好的表情、眼神接触、时不时点头、身体自然放松、身体稍微前倾等，让员工感受到管理者对谈话是有兴趣的，让员工感受到管理者是能够理解谈话内容的。

在员工把话讲完之前，管理者不要急着做出评判或给予纠正，也不要轻易地发表自己的观点。管理者要站在员工的立场上去思考和理解员工讲出的观点或提出的问题。

对于员工表达的事项，管理者可以先表示自己的认同和理解，表达出自己对于该事件的想法和员工是相同的。考核双方在交流中的共鸣是下一步沟通有效的保障。

表现专注

认真听完

寻找共鸣

事实重复

善用反馈

为了表示管理者在认真地听员工的话，管理者可以简单重复员工陈述的一些事实或者观点。例如，"我注意到，你刚才说……，我非常认同""你刚才说的……，我理解得对吗？"等。

管理者在倾听的过程中，要适时地给员工一些简单的反馈，例如"哦""嗯""是的""没错""这个有意思""我明白"等，来认同对方的陈述；也可以通过说"讲一讲，我们讨论一下""我想了解一下你的想法""这个我很感兴趣"等来鼓励员工有更多的表达。

绩效辅导有效沟通的 5 大技巧

沟通过程一定要是考核双方的交流，而且应以适当地偏向员工为主。而有的绩效辅导是管理者或者员工一方的单向信息输出。这样是无法实现信息的交流互通的，不利于改进员工绩效。

考核双方虽然在职位上有所差异，但是绩效辅导的谈话过程不应过分强调这种等级差异。沟通的双方能够站在同一个位置上平等交流的时候，才是沟通效果最好的时候。

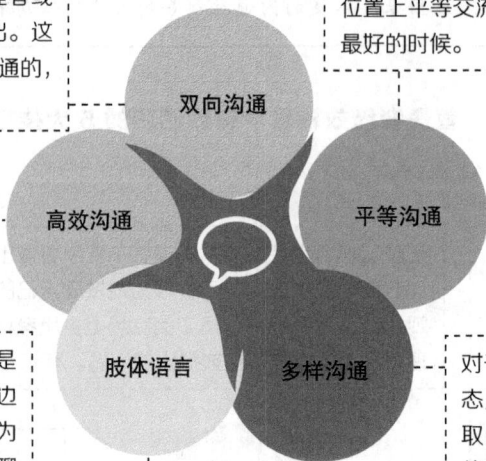

双向沟通

高效沟通

平等沟通

肢体语言

多样沟通

绩效辅导中沟通的主要目的是解决实际问题，而不是漫无边际地拉家常。沟通开始时，为了缓和气氛，双方可以简单聊一些和绩效无关或者和工作无关的话题，但时间不宜过长。

对于不同性格、岗位、能力、态度的员工，管理者所采取的沟通策略应当是不同的。对于有能力的员工，沟通内容可以更多地偏向于激发他的责任心；对于能力一般的员工，沟通的内容可以更多地偏向于辅导和技能培养；对于既没有能力、态度又不端正的员工，沟通可以适当严厉。

管理者在沟通过程中要注意自己的肢体语言，人们在接收信息的过程中往往更能够感受到对方的肢体语言。例如有的人心里并不赞同，但是嘴上却表现出自己认可这个观点，这时可能他会不自觉地摇头。

小贴士

绩效辅导过程中，管理者的反馈有助于激发员工的表达。反馈不仅源于言语，行动同样也可以表达反馈。例如，管理者在应点头时点头，在应微笑时微笑，对于需要记录的内容，管理者可以在本子上做记录，这些行为同样能够给员工继续表达的动力。

7.2.2 辅导行动：让传承更有效果

除了沟通技巧外，还有什么绩效辅导技巧需要管理者特别注意和掌握呢？

管理者传授技能和激励行动的技巧也非常重要。

传授技能和激励行动的技巧重要是因为管理者要教会员工技能、引导员工行动吗？

是的。这两种技巧对应着绩效辅导的两大核心目的——让员工成长和让员工行动。

这倒提醒我了，这两大核心目的不仅可以用在绩效辅导上，还可以用在平时的管理工作中。对于这两点，我公司现在很多管理者都做得不好。

别把绩效辅导当成一项单独的工作，它可以和很多其他管理工作合并在一起。

这样做能防止在推行绩效辅导的过程中，管理者走形式吗？

能防止。毕竟管理行为的核心目的不是管理行为本身，而是让员工成长、行动，从而提高绩效。

问题拆解

有些公司为了推行绩效辅导，在培训之后，强制管理者采取行动。结果造成公司内部很多管理者为了绩效辅导而绩效辅导，形成了实际管理行为和形式管理行为的"两层皮"。这样做不仅没有管理效果，而且会适得其反，会让管理者和员工对绩效辅导的真正意义产生误解。绩效辅导应和管理者的实际管理行为融合，以帮助员工不断成长，有效行动。

工具介绍

辅导行动技巧

辅导行动的技巧包括传授员工技能的技巧和激励员工行动的技巧两部分。

不是每一位管理者都懂得如何向员工传授技能。许多管理者做事情非常出色，但是当要教别人时却不知道从何处下手。传授员工技能的技巧可以解决这个问题。人们的行为源于大脑复杂的过程，并不会因为别人简单地说教或指挥就有所变化，管理者要通过绩效辅导激励员工采取某项行动同样是需要技巧的。

传授员工技能的 6 个步骤

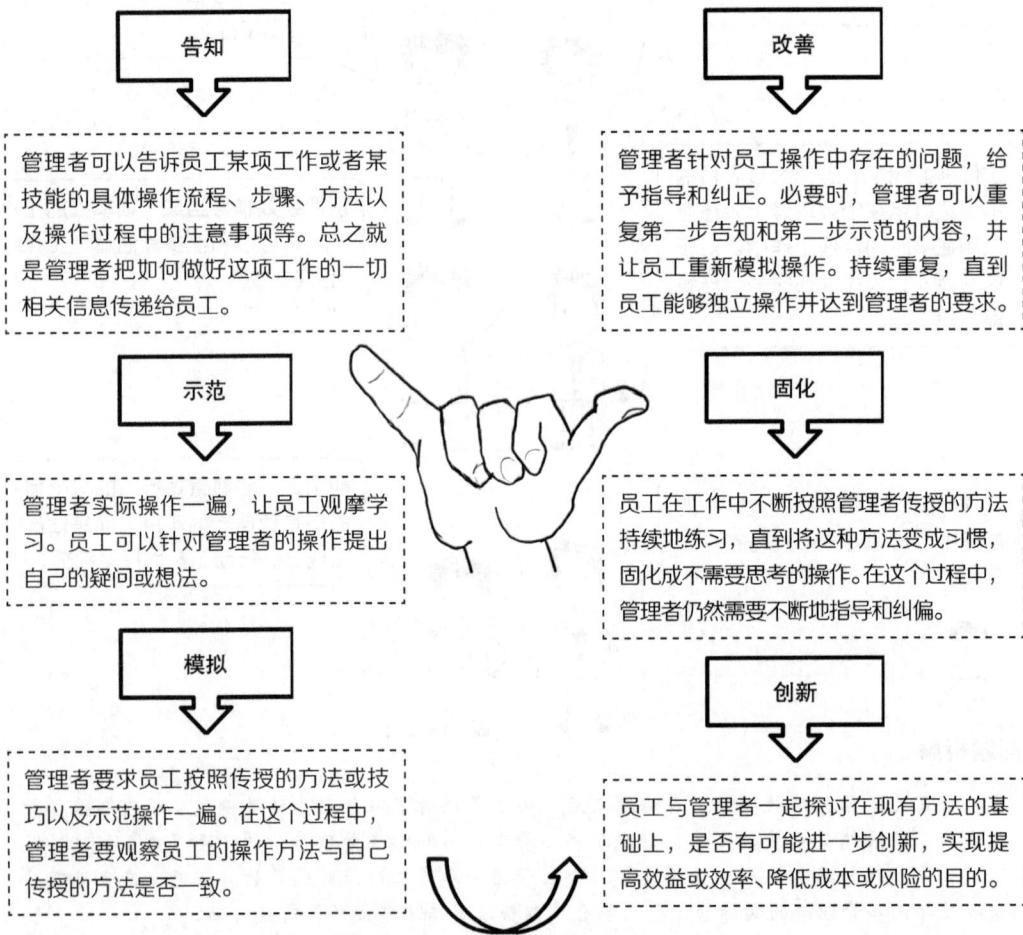

告知

管理者可以告诉员工某项工作或者某技能的具体操作流程、步骤、方法以及操作过程中的注意事项等。总之就是管理者把如何做好这项工作的一切相关信息传递给员工。

改善

管理者针对员工操作中存在的问题，给予指导和纠正。必要时，管理者可以重复第一步告知和第二步示范的内容，并让员工重新模拟操作。持续重复，直到员工能够独立操作并达到管理者的要求。

示范

管理者实际操作一遍，让员工观摩学习。员工可以针对管理者的操作提出自己的疑问或想法。

固化

员工在工作中不断按照管理者传授的方法持续地练习，直到将这种方法变成习惯，固化成不需要思考的操作。在这个过程中，管理者仍然需要不断地指导和纠偏。

模拟

管理者要求员工按照传授的方法或技巧以及示范操作一遍。在这个过程中，管理者要观察员工的操作方法与自己传授的方法是否一致。

创新

员工与管理者一起探讨在现有方法的基础上，是否有可能进一步创新，实现提高效益或效率、降低成本或风险的目的。

绩效辅导中激励员工行动的 4 个技巧

识别期望的行为

管理者首先要识别出自己期望员工做到的行为是什么样的。这个行为是具体的，而不是靠感觉或主观判断出来的；是能够被员工理解的；是能够客观地判断和测量的；对员工而言，是有意义的。

传达对员工的期望

管理者要明确地向员工传达管理者期望员工做的行为，要确保员工能够理解这个期望行为的具体表现，这个行为能够为他带来的好处，以及如果不做这个行为他可能要为此承担的后果等。

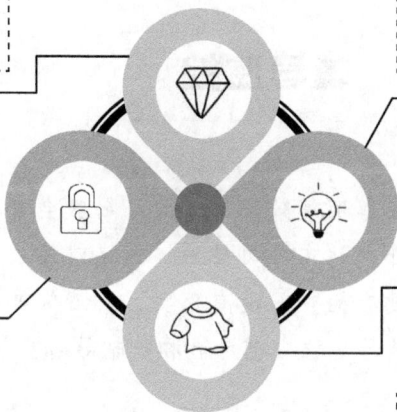

对员工持续评价

管理者要客观地评价员工做出这个行为的结果，过程中要以具体的行为事实为依据而不是主观判断。管理者要评价这个行为在多大程度上表现出了管理者的期望，行为进展是否顺利，有没有出现问题，需要如何改进等。

处理员工行为结果

正向的激励能够持续让员工保持某类行为，如果缺失正向激励，员工很可能不会再表现出该类行为。负向的激励只能保证员工的行为水平停留在负激励水平之上。对于员工的行为，管理者应及时地、严格地按照规则给予相应的处置。

小贴士

让员工采取管理者想看到的行动，在行动过程中让员工成长，并通过员工的行动提高员工自身的绩效，从而提高公司的绩效是绩效辅导的终极目标。只要能达到这个终极目标，管理者就可以灵活地采取各类有益的活动。这正是实务管理艺术化的体现。

7.3 辅导监控

要落实绩效辅导，除了要教会管理者掌握绩效辅导的技巧之外，站在公司层面，还要对绩效辅导做到过程监控和检查。没有检查就没有落实，对绩效辅导的监控和检查是保证绩效辅导过程中辅导者和被辅导者重视绩效辅导的必要工作。

7.3.1 过程监控：别总想"秋后算账"

🔒 **问题场景**

绩效辅导中有检查者的角色，我觉得这个角色非常重要。

理想状态下，辅导者和被辅导者都各司其职，一切保持正常，这时就不需要检查者。但实际情况当然不会是这样。

我觉得像我公司这种之前从来没做过绩效辅导的，或者这方面管理较差的公司，就特别需要重视检查者的角色。

确实，如果绩效辅导落实不到位，那么强化检查不失为一种解决办法。

那我应该怎么强化检查呢？

可以先从对绩效的**过程监控**开始。

过程监控指的就是对绩效管理全过程的监控吗？

没错，不仅是对全过程监控，还包括从顶层到底层的全面监控。

问题拆解

绩效检查的第一步不是直接展开检查，而是对绩效过程的监控。对绩效过程的监控并非由检查者单独实施，而是由检查者和辅导者共同实施的。检查者要做绩效监控，辅导者更要做绩效监控。辅导者通过对绩效情况的监控，保证被辅导者达到工作标准，并在这个过程中不断地提供反馈意见并在必要时提供指导。

工具介绍

绩效辅导过程监控

绩效辅导的过程监控，是在整个绩效周期内，管理者（辅导者）或检查者（相关部门）为了预防和解决绩效周期内可能存在的问题，持续地观察和记录员工（被辅导者）的关键行为、关键事件和绩效进展情况，在为绩效评价记录依据的同时，更好地帮助员工完成绩效计划的过程。

绩效监控的 3 个层面

③ 个人层面的绩效监控，是公司中最普遍的，是所有的管理者（上级）对员工（下级）的个人绩效进展情况的监控。个人层面的绩效监控关注点包括个人绩效计划的完成情况，个人行为的优劣判别情况或个人能力的缺失补充情况等。

② 流程层面的绩效监控，是公司的相关管理层对整个公司中的关键流程的绩效影响的监控，并根据组织、部门或员工个人的绩效进展情况，有目的性、有针对性地对相关流程进行完善和修改。流程层面的绩效监控的关注点包括管理层针对绩效情况对战略性流程的识别、衡量和改进等。

① 组织层面的绩效监控，是公司的最高管理层对整个公司绩效的监控。组织层面绩效监控的关注点包括公司整体以及与外部组织、机构间的协同情况；公司与业务部门、职能部门、事业部之间的协同情况；公司日常经营管理与全部员工之间的协同情况；公司各关键岗位、关键部门是否完成绩效；是否存在影响绩效完成的关键要素等。

组织层面的绩效监控
流程层面的绩效监控
个人层面的绩效监控

绩效过程监控需要做好的 3 类工作

事前的监控	事中的监控	事后的监控
在绩效考核开始之前，确定绩效指标时，要确保各部门的目标、任务能够有效地分解。在初步确定绩效指标时，要做好与员工的充分沟通，确保个人、部门的绩效指标能够保证公司目标的实现。	在绩效管理运行的过程中，要随时监控绩效指标的完成情况、绩效任务的完成情况，及时地总结、回顾、汇报，及时地修正绩效管理中存在的问题。对于需要调整的绩效指标、绩效任务或工作方法，根据需要及时调整。	在绩效考核结束之后，要综合组织、部门或个人对年度、季度、月度的绩效完成情况，找出差距和原因，对公司有利的方法或行为及时地进行推广，对公司不利的方法或行为则及时地进行更正。

绩效过程监控的 3 点注意事项

管理者沟通的有效性
只有当管理者就绩效问题与员工进行了充分沟通时，绩效管理的效果和目的才能够实现。没有针对绩效管理的充分沟通，绩效管理很可能会变成只停留在纸面上的工作，而失去绩效管理的实际意义。

管理者的绩效辅导能力
实施绩效监控时，不仅要关注管理者是否对员工实行了绩效辅导，而且还要监控管理者对员工实施的绩效辅导是否有效。管理者对绩效辅导的理解和实施要达到公司要求的水平，而不只是为了完成任务。

绩效评价信息的有效性
绩效评价信息是不是足够客观、有效，同样影响着绩效过程监控的实施。如果绩效评价的信息得不到有效的记录和处理，可能会造成整个绩效管理体系的失败。

小贴士

绩效监控不是在绩效管理的某一个过程，而是贯穿绩效计划和绩效评价的全过程，在整个绩效管理过程中发挥着重要的作用。绩效监控也不是只监控绩效管理的某一类人群或指标，而是对整个公司的绩效情况实施全过程的监控。在操作绩效过程监控时，相关部门需要保持前端的绩效计划和末端的绩效评价在内容上的一致性。不同情况下，绩效监控的侧重点有所不同。

7.3.2　辅导检查：越检查就越重视

🔒 **问题场景**

在公司层面做好了整体绩效过程监控之后，相关部门的绩效辅导检查就应该跟上吧？

是的。公司可以指派 1～2 个部门作为绩效辅导检查的专职实施部门，也就是担任绩效辅导中的检查者角色。

什么样的部门比较适合做这项工作呢？

一般来说，这项工作适合负责绩效管理实施的部门或者负责人才培养与发展的部门来主持实施。

我可以找多个部门实施交叉检查吗？

可以。这样可以提高检查效果，引起公司内部的重视。

大多数情况下可能是辅导者存在问题，但也不排除被辅导者存在问题的情况。所以检查时候要注意客观公正，弄清楚事实。

检查的重点应该放在辅导者有没有落实绩效辅导上吗？

问题拆解

对于绩效管理工作推行时间不长、或绩效管理目前还处在初级阶段的公司来说，辅导者和被辅导者没有形成绩效辅导的意识和习惯，普遍认为绩效辅导是一项多余的、没有意义的工作。这时，绩效辅导的检查工作就显得尤为重要。绩效辅导检查的重点不仅包括辅导者，还包括被辅导者。

👨‍🏫 **工具介绍**

绩效辅导检查

为了保证绩效辅导能够有效实施，不论从公司管理的角度，还是从绩效管理的角度出发，公司都应对绩效辅导的实施提供保障机制。公司应对管理者绩效辅导的实施情况进行检查，并评估各部门绩效辅导工作的质量，修正管理者不良的绩效辅导行为。

绩效辅导检查的 3 项内容

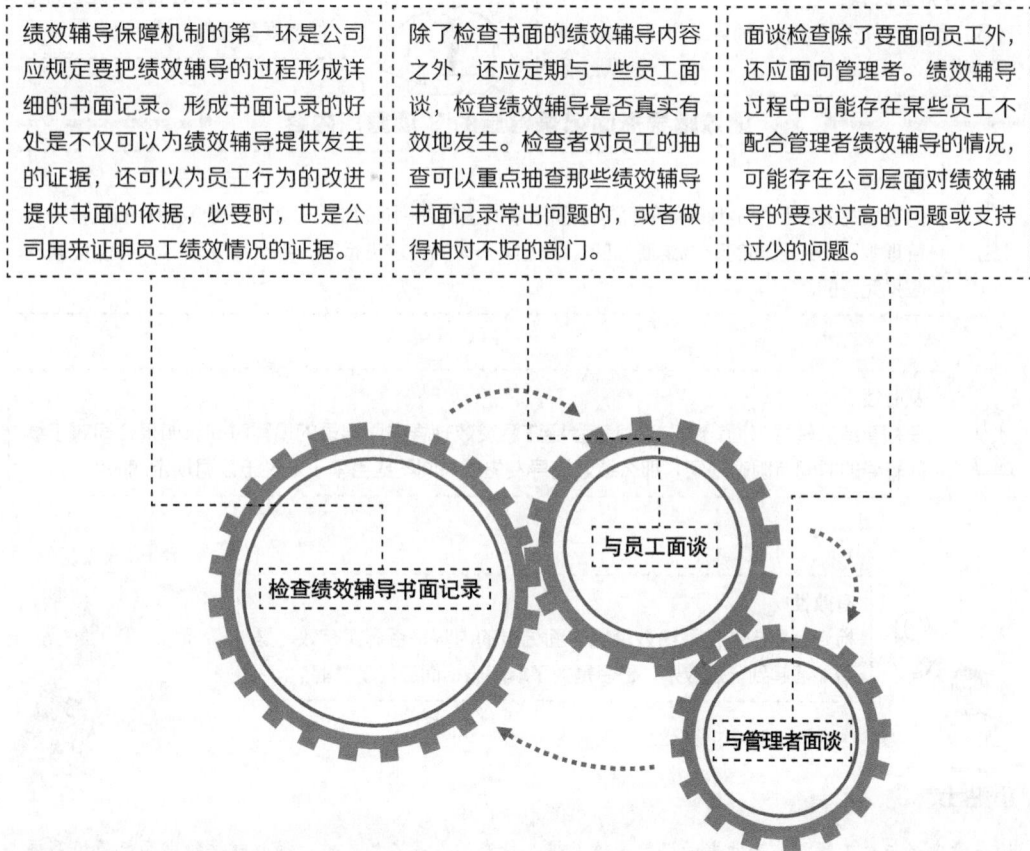

绩效辅导保障机制的第一环是公司应规定要把绩效辅导的过程形成详细的书面记录。形成书面记录的好处是不仅可以为绩效辅导提供发生的证据，还可以为员工行为的改进提供书面的依据，必要时，也是公司用来证明员工绩效情况的证据。

除了检查书面的绩效辅导内容之外，还应定期与一些员工面谈，检查绩效辅导是否真实有效地发生。检查者对员工的抽查可以重点抽查那些绩效辅导书面记录常出问题的，或者做得相对不好的部门。

面谈检查除了要面向员工外，还应面向管理者。绩效辅导过程中可能存在某些员工不配合管理者绩效辅导的情况，可能存在公司层面对绩效辅导的要求过高的问题或支持过少的问题。

检查绩效辅导书面记录

与员工面谈

与管理者面谈

检查者与员工和管理者的面谈内容

检查者与员工的面谈内容

（1）员工是否在公司规定的时间内接受了管理者的绩效辅导？

（2）员工与管理者填写的绩效辅导书面记录表是否是真实有效的？

（3）员工对绩效辅导的理解和认识是怎么样的？

（4）员工认为管理者对自己进行的绩效辅导是否真的帮到了自己？

（5）员工认为管理者在绩效辅导方面还可以做出哪些改善？

（6）员工认为公司的绩效辅导工作还可以有哪些改进？

检查者与管理者的面谈内容

（1）管理者是否每次都按时对员工实施绩效辅导？

（2）管理者在实施绩效辅导时，有哪些难以克服的困难？

（3）管理者认为公司的绩效辅导流程还存在哪些问题？

（4）管理者对公司的绩效辅导流程有哪些改进建议？

（5）管理者认为哪些员工的工作态度有问题？

绩效辅导书面记录检查的 3 项重点内容

1 **完整性**
内容填写的完整性是判断绩效辅导书面记录质量的评判标准之一。如果在绩效辅导的过程中，管理者和员工之间的交流是通畅的，是按照公司的要求进行的，那么绩效辅导的书面记录理应是完整的。

2 **及时性**
在检查绩效辅导书面记录时，检查者要注意绩效辅导书面记录的填写时间。如果公司对于绩效辅导的时间有明确规定，那么绩效辅导发生的时间不应当早于或晚于公司规定的时间。

3 **有效性**
检查者同样要注意绩效辅导书面记录的内容是否真实有效，是否能够起到一定效果，是否是为了填满表格而应付了事的。

小贴士

检查管理者与员工绩效辅导的书面记录是绩效辅导检查的最基本的工作。绩效辅导的书面记录填写得是否完备，从一定程度上反映了绩效辅导工作的实施质量。有些对绩效辅导不重视的管理者可能会在绩效辅导书面记录上交之前"临时抱佛脚"，应付了事，这样就失去了绩效辅导的意义。

PART *3*

可用的资源

可用的资源指的是员工从产生行为到得到行为结果的过程中可能获得的资源支持，可用的资源很容易被管理者忽略，他们认为这和员工激励无关。实际上，公司内部、外部一切影响员工的资源，都会对员工激励的实施产生较大的影响。常见的可用资源包括组织资源、环境资源和管理资源。

第8章　组织资源

组织资源和员工激励之间有关系吗？

组织资源能够帮助公司实现员工激励，只不过不是从员工个体的微观角度出发。

你是说做好组织资源之后，能够从宏观上把握员工激励？

没错。员工激励不是只有对微观个体的激励，还应有对员工群体的宏观激励。

怎么做好组织资源呢？

我们分别从组织发展、工具资源和学习资源 3 个方面，来探讨一下如何运用好组织资源实现员工激励吧。

背景介绍

员工激励不是只有对微观个体的微观激励，还包括对员工群体的宏观激励。组织资源指的是公司为员工提供的，在满足公司战略的前提下，帮助员工更好地工作、学习和成长的资源。组织资源对做好员工个体和员工群体的激励都有比较有力的支持和促进作用。

8.1 组织发展

组织发展是公司帮助员工个体和员工群体在组织环境中更好地相互协作，从而实现公司和员工共同成长的过程。组织如果出现了问题，将会失去员工的信任，将减少员工的安全感，这时微观上再好的员工激励技巧也起不到激励作用。

8.1.1 组织诊断：顶层的"望闻问切"

🔒 **问题场景**

最近我经常听朋友提到一个词——OD（Organizational Development），指的就是组织发展吗？

对。这是人力资源管理中经常用到的一个词，除了 OD 外，还有 TD（Talent Development，人才发展）、LD（Leadership Development，领导力发展）。

听起来有点学术，这些对公司发展和员工激励有什么用呢？

OD 不是单纯的学术概念，它在管理实战中很有用。

具体有什么用呢？

它能够提升组织运转的效率，并通过提升效率，提高组织创造价值的能力。

怎么做组织发展呢？

首先，我们需要先给组织"把脉"，做**组织诊断**，找到组织当前存在的问题。

问题拆解

许多微观的问题实际上是由组织层面的宏观问题引起的。组织发展正是公司在组织层面发现问题、分析问题和解决问题的过程。通过组织发展，公司能够发扬公司文化和价值观，最大限度地激发员工潜力。组织发展的第一步是组织诊断。

👨‍🏫 **工具介绍**

6 个盒子

6 个盒子，也叫 6 盒模型，是一种诊断组织健康状况的工具。通过这个工具，公司能够盘点组织的现状，快速找到组织当前存在的问题，更精准、高效地解决问题。

6 个盒子分成 6 个维度，分别是使命与目标、结构与组织、关系与流程、奖励与激励、支持与工具、管理与领导。

6 个盒子图示

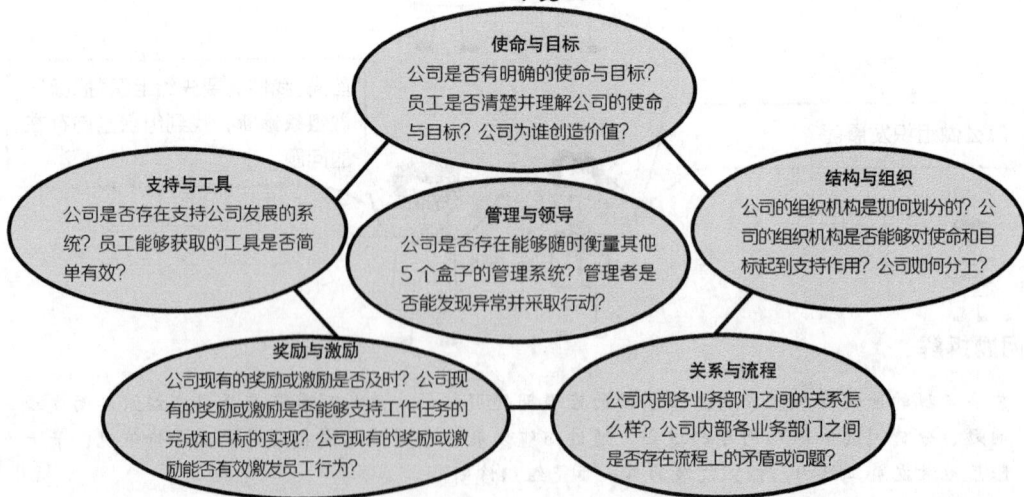

使命与目标
公司是否有明确的使命与目标？员工是否清楚并理解公司的使命与目标？公司为谁创造价值？

支持与工具
公司是否存在支持公司发展的系统？员工能够获取的工具是否简单有效？

管理与领导
公司是否存在能够随时衡量其他 5 个盒子的管理系统？管理者是否能发现异常并采取行动？

结构与组织
公司的组织机构是如何划分的？公司的组织机构是否能够对使命和目标起到支持作用？公司如何分工？

奖励与激励
公司现有的奖励或激励是否及时？公司现有的奖励或激励是否能够支持工作任务的完成和目标的实现？公司现有的奖励或激励能否有效激发员工行为？

关系与流程
公司内部各业务部门之间的关系怎么样？公司内部各业务部门之间是否存在流程上的矛盾或问题？

运用 6 个盒子的 4 个注意事项

1 **平等性**
6 个盒子之间不存在谁比谁更高级，没有重要性的先后顺序，它们都非常重要。

2 **关联性**
6 个盒子之间存在一定的关联性，有的盒子中的问题是由其他盒子中的问题导致的。

3 **共同性**
6 个盒子要一起运用，单独运用其中某几个盒子忽略其他盒子将没有效果。

4 **应用性**
要想让 6 个盒子成为管理者探讨组织问题的语言，管理者需要在工作中经常运用这个工具。

运用 6 个盒子的 3 大误区

当成万能钥匙

忽略因果关系

忘记发展变化

有的管理者把 6 个盒子当成解决一切组织问题的万能钥匙。6 个盒子并不能解决组织层面的全部问题，管理者在组织诊断时除了 6 个盒子的维度外，不能忽略公司中其他的实际维度。

有的管理者常忘记组织的问题是不断发展变化的，在用 6 个盒子做诊断之后，不代表一段时间之后的问题还是当时的问题。6 个盒子工具要在当下讨论运用。

有的管理者把 6 个盒子孤立地看，就某个问题只在单个盒子中讨论。6 个盒子之间存在一定的因果关系，有的盒子中的问题产生是因为其他盒子中的问题，管理者应当把 6 个盒子关联起来看。

小贴士

6 个盒子不仅可以用在组织诊断上，还可以用在组织现状盘点和组织内部沟通上。它能够让公司更宏观、更系统、更全面地看到组织当前存在的问题，同时可以让组织内部形成一套共同的语言，就组织当前存在的问题展开更有效的沟通，有助于更高效地开展工作。

8.1.2 组织优化：让系统高效运转

管理者对组织进行诊断，发现问题之后，应做什么呢？

接下来是根据发现的问题，做现状分析，分析时最好和公司相关的管理团队一起分析。

一起分析是为了查找问题的根源，让问题更清晰吗？

是的，也是为了形成管理层共同的语言。为了更好地解决问题，分析时可以了解一下同行业优秀公司的情况。

嗯，我也觉得了解同行业优秀公司的情况非常有必要，然后再做什么呢？

接下来就可以根据对问题的分析，进行**组织优化**了。

组织优化就是对组织机构的优化吗？

组织优化最先探讨的不是对组织机构的优化，而是**管控模式**。确定了组织的管控模式之后，再做组织机构和其他层面的优化。

问题拆解

公司管理层一起就组织发展的相关事项交换信息，有助于管理者养成在组织层面思考问题的思维习惯，有助于更好地发现和解决问题。这个过程既是解决问题的过程，又是让管理者成长的过程，还是在公司内部达成意见统一的过程。组织诊断的下一步是组织优化。

工具介绍

组织优化

组织优化，指的是公司在组织发展层面对公司进行优化的过程。组织优化是为了更好地实现公司的战略。组织优化的前提是组织诊断，组织优化的形式包括公司的管控模式调整、组织机构调整、管理关系调整、岗位分工调整、流程工具调整、规则系统调整等。

组织优化的 4 大原则

组织优化应以在组织诊断中表现出来的组织问题为导向。

组织优化是为了实现战略，同样要以公司的战略为导向。

问题导向

战略导向

发展导向

经验导向

公司实现战略的前提是健康平稳地发展，因此要以发展为导向。

公司可以参考其他优秀公司或竞争对手的经验和做法实现组织优化。

公司的 3 种管控模式

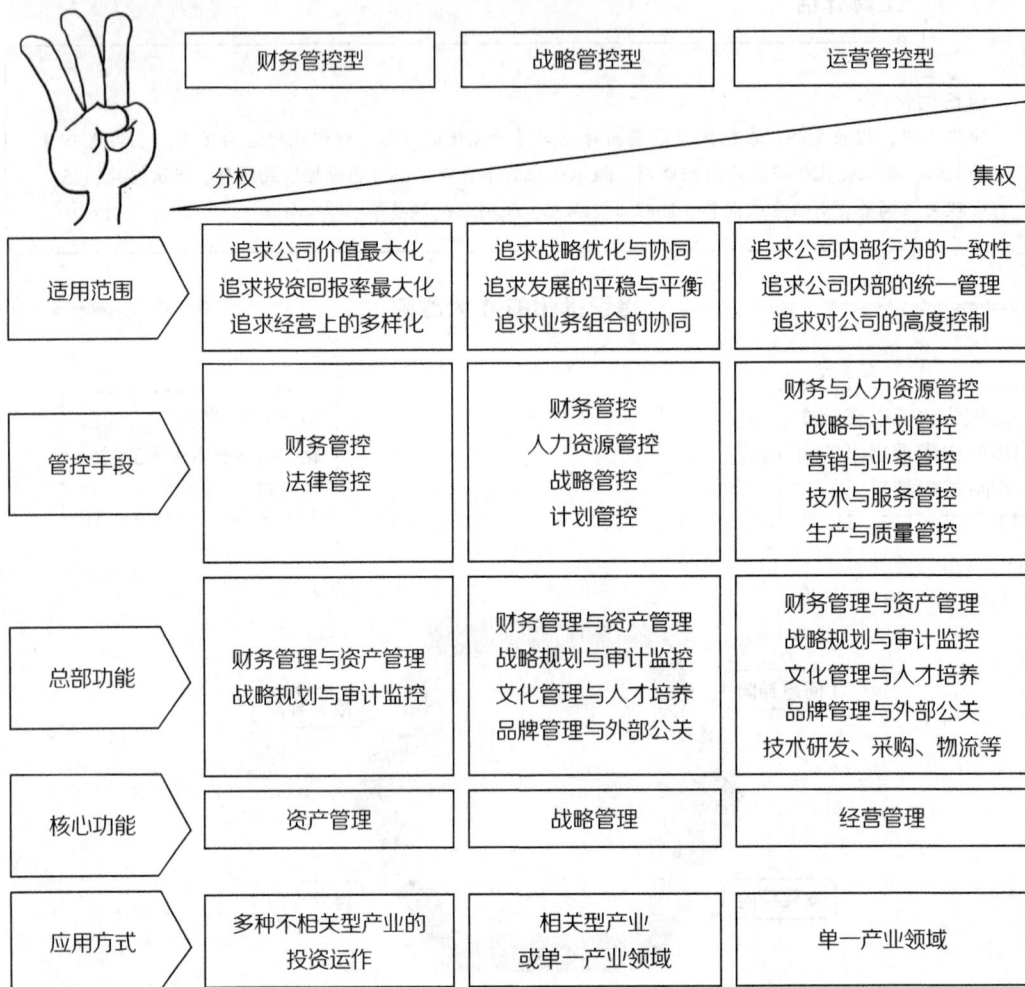

	财务管控型	战略管控型	运营管控型
	分权 ────────────────── 集权		
适用范围	追求公司价值最大化 追求投资回报率最大化 追求经营上的多样化	追求战略优化与协同 追求发展的平稳与平衡 追求业务组合的协同	追求公司内部行为的一致性 追求公司内部的统一管理 追求对公司的高度控制
管控手段	财务管控 法律管控	财务管控 人力资源管控 战略管控 计划管控	财务与人力资源管控 战略与计划管控 营销与业务管控 技术与服务管控 生产与质量管控
总部功能	财务管理与资产管理 战略规划与审计监控	财务管理与资产管理 战略规划与审计监控 文化管理与人才培养 品牌管理与外部公关	财务管理与资产管理 战略规划与审计监控 文化管理与人才培养 品牌管理与外部公关 技术研发、采购、物流等
核心功能	资产管理	战略管理	经营管理
应用方式	多种不相关型产业的 投资运作	相关型产业 或单一产业领域	单一产业领域

小贴士

当确立了管控模式之后，公司在设计组织机构时，可以参照迈克尔·波特（Michael E. Porter）的价值链理论，按照工作属性的不同，将公司所有的岗位划分成不同的角色。根据不同角色之间的流程走向和协同关系，设计公司的组织机构。针对不同的角色，公司可以根据其价值、要求、工作复杂程度、专业程度等设计薪酬水平。

8.2　工具资源

　　工具资源对员工绩效的影响大于员工的知识和能力对员工绩效的影响，员工能否做出工作结果，不仅和他的个人因素有关，和他能否动用工具资源也有很大关系。如果员工能够动用有效的工具资源，那么员工行动成功的可能性会更高。

8.2.1 标准工序：以后就照这个做

最近顾客的投诉频发，花费了我大量的时间和精力。

什么原因造成的？

就是产品的质量总出问题，虽然我已经强调过很多次，但还是总出问题。

为什么产品质量总出问题呢？

我们主要是手工作业，所以很难保证产品的标准化。顾客投诉产品之间的差异大。

手工作业也不是不能标准化，如果这种情况不改变，做再多员工激励也没有用。

我也认为应该改变这种情况，可一直找不到好的办法。

首先公司要把所有的操作工序标准化，让员工严格按照标准工序操作。

问题拆解

不标准的操作工序必然会降低产品的标准化程度，减少产品的可控性，影响公司的稳定运营。公司对工序的标准化，也是对员工行为规范的标准化。这种标准化能够让员工受到激励后产生的行为有章可循，有法可依。是否有明确的标准化工序，也影响着员工产生行为的可能性。

工具介绍

标准工序

标准工序是一套标准化的作业程序，公司通过对岗位制定标准工序，规范岗位的工作程序和员工的工作行为，实现和保障产品的标准化。标准工序同时也是管理者判断员工作业质量的重要依据，通过比照标准工序，管理者能够快速发现员工的问题，在该问题导致严重后果之前及时纠偏。

标准工序的 6 要素

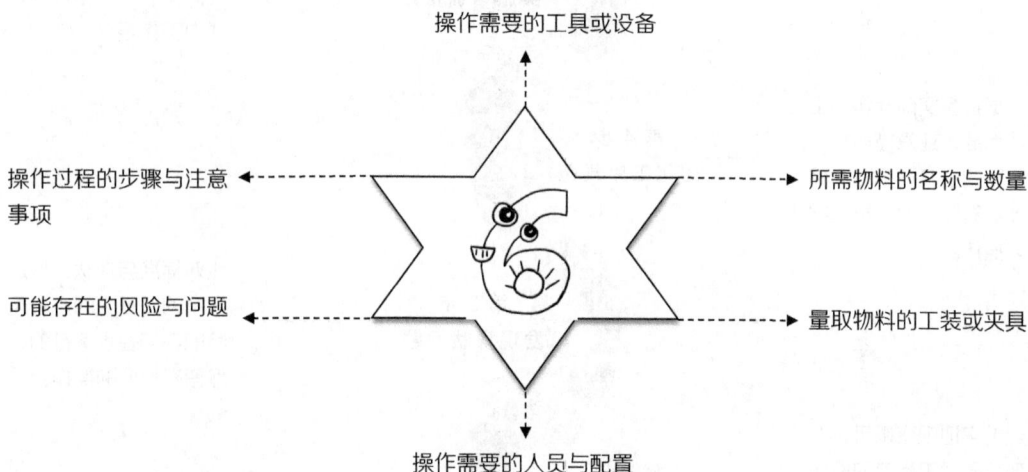

操作需要的工具或设备

操作过程的步骤与注意事项

可能存在的风险与问题

所需物料的名称与数量

量取物料的工装或夹具

操作需要的人员与配置

标准工序的 4 大价值

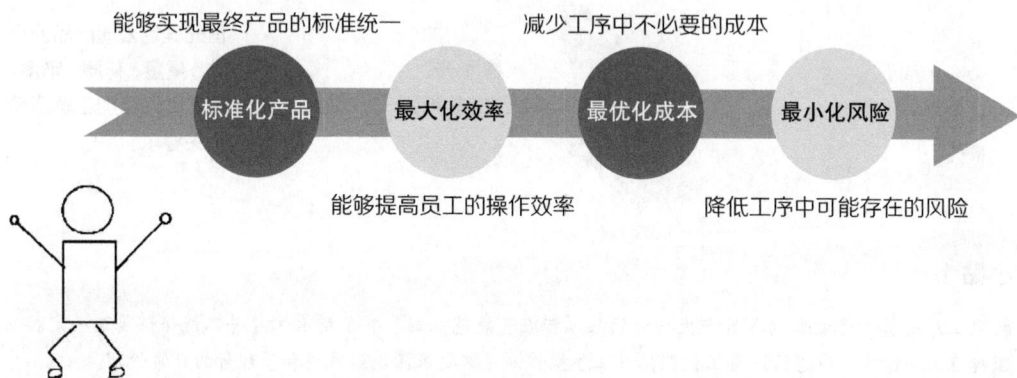

能够实现最终产品的标准统一

减少工序中不必要的成本

标准化产品

最大化效率

最优化成本

最小化风险

能够提高员工的操作效率

降低工序中可能存在的风险

制定标准工序的 6 个步骤

把工序标准制作成清晰的图片、看板、手册等，让员工能够很容易地看到或者获取。

第 6 步
工序内容上墙

第 5 步
实施培训推广

在公司范围内对相关岗位的员工实施培训，推广固化后的工序标准，成为工作要求。

形成符合实际操作的工序标准，注意描述操作步骤的语言要精准、具体、易懂，便于员工学习操作。

第 4 步
固化工序规范

第 3 步
发现现状问题

比对标准与现状，识别多余的、缺少的、有风险的、与要求不符的，保留有价值的操作。

通过实地观察调研，发现公司员工当前的操作情况，分析员工操作中的价值点和问题点。

第 2 步
调研作业现状

第 1 步
确定工艺标准

首先确定公司产品的尺寸、重量、材质、精度、技术，以及加工顺序等相关要求。

小贴士

标准工序是员工受到激励之后产生行为的基本标准和规范准则。有了标准工序并不能保证员工一定按照标准工序操作。要想保证员工按照标准工序操作，还需要依靠规则系统和管理者的日常管理。

8.2.2　总结工具：找到最好的那个

🔒 **问题场景**

一提起产品问题我就生气，公司产品部门的几个负责人的管理水平太差了。即使已经培训过很多次了，也不见改善。真不知道该怎么办。

之前的培训内容主要是什么？

就是一些通用的管理能力培训。

你要解决的是具体的问题，没有找到针对这个问题的解决方法，通用的培训内容当然无效。

那该怎么办呢？

所有人都做得不好吗？有没有管理得比较好的？

确实有一个人的管理水平比较好，他部门的员工士气不错，产品质量也比较稳定。

可以把他的经验和方法总结一下，变成一套标准化的工具方法，然后开始在公司推广培训。

问题拆解

许多培训需求其实是公司管理层主观想象出来的，而不是客观判断出来的。不仅可以通过培训员工的方式解决公司的问题，还可以通过改变环境、提供工具或改善流程等方法解决公司的问题。优秀者的经验总结出来的统一方法或工具，有助于其他员工学习借鉴，提升绩效。

工具介绍

优秀经验到标准工具的总结

绩效优秀者优秀的原因是他们掌握了一些高效的方法或工具。总结绩效优秀者的经验，发现和总结出他们的方法或工具，形成统一的工作标准，并把这套工作标准应用在绩效相对差的员工身上，这样通常能够显著提高他们的绩效。

优秀经验到标准工具的总结的 5 步

1. 情况分析

对当前公司所有的问题做详细的分析，而不是盲目地采取行动。

5. 持续推广改进

对最佳实践进行推广，实践过程中遇到问题可以不断地修正，以达到最终目标。

2. 寻找最佳实践

找到在这个领域中做得最好的人或案例，也就是该领域中绩效结果最好的情况。

优秀员工

我每天都会把当天的任务做精做细。

4. 提炼最佳方法

把最佳实践中，实施者运用的工作方法和秘诀提炼出来，变成其他人学得会的工具或模板，再开始推广。

3. 研究最佳实践

研究这个案例为什么做得好，实施者采取了什么方法，或者他的秘诀是什么？

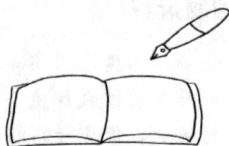

案例：优秀经验到标准工具的总结

招聘了 3 个月，招聘满足率只有 30%。

大部分劳动者没听过我们公司啊，公司知名度不够。

新来的李经理用一个月的时间，将招聘满足率提升到了 90%。

① ② ③

我招聘用的方法是……我从招聘渠道、招聘方法和面试技巧 3 个方面给大家讲解。

培训后，公司的整体招聘满足率都提升了，并且公司总结出一套在新区域扩展用的招聘流程和方法。

小贴士

优秀经验到标准工具的总结的方法几乎可以适用于任何公司，任何行业，任何问题。这套方法的关键是公司要寻找亮点，寻找如何把绩效工作做得更好的最佳实践，然后把最佳实践中有益的方法和工具复制到相关领域。

8.2.3 制订流程：方向统一的轨道

问题场景

公司规模大了，从"人治"到"法治"的转变变得困难，各部门工作的随意性很大。

都有哪些表现呢？

同样一件事，各部门竟然有完全不同的工作流程。公司规模小时我们更关注事情有没有结果，可公司规模大了以后我们发现这样做的问题很大。

统一**流程**，就能有效避免这类问题。

流程会不会让公司的管理僵化，不够灵活？

公司在"人治"的时期可以注重灵活，但是到了"法治"时期，太灵活了就容易出问题。

看来公司规模大了，管理者就是要强调标准、规范、统一。

是的。统一流程是保证公司平稳发展的基础，也是员工激励的基础。

问题拆解

规模小的公司更关注生存问题，规模大的公司更关注发展问题。要发展，就要有规范的工作流程保证发展的持续稳定。很多公司因为缺乏统一的工作流程，所以存在很多问题。这些问题，实际上都是公司为管理缺乏规范"买的单"（付出的成本）。

工具介绍

工作流程

工作流程，指的是把从工作输入（条件）到工作输出（结果）连接起来的一系列有目的、有执行的相关行动、任务或事件的组合。规范的工作流程能够实现从输入到输出的稳定性、重复性、可预期性。工作流程能够帮助公司落实规则系统，能够把公司文化融入工作中，也能有效地降低成本、提高效率。

工作流程的 4 大特征

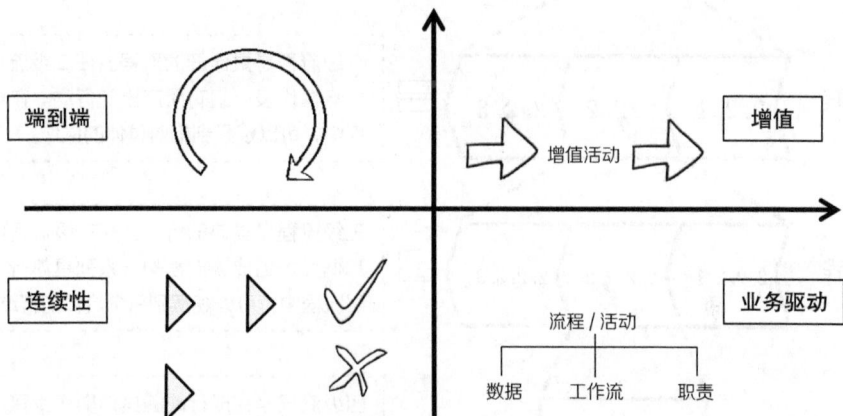

端到端

增值

增值活动

连续性

业务驱动

流程 / 活动

数据　工作流　职责

制定工作流程的 3 大步骤

根据当前梳理出的流程，发现当前流程中的冗余、模糊、错误、延误、与战略不符、目标性差等问题，探讨流程优化的可能性。

根据流程优化中对公司价值链的梳理和分解过程，发现当前流程的问题，再对流程进行规范重塑，确定新的流程，确定流程中需要用到的工具。

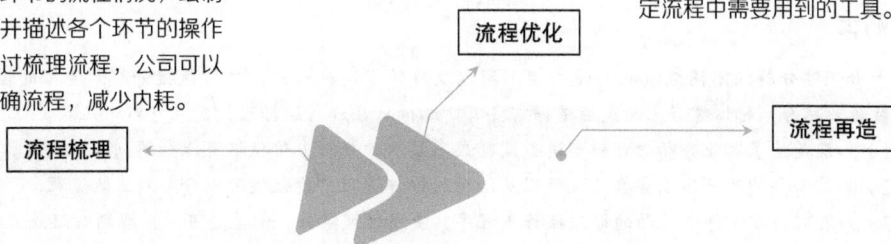

流程优化

通过调研公司的现状，梳理公司当前相关环节的流程情况，绘制流程图，并描述各个环节的操作步骤。通过梳理流程，公司可以进一步明确流程，减少内耗。

流程梳理

流程再造

公司流程分级

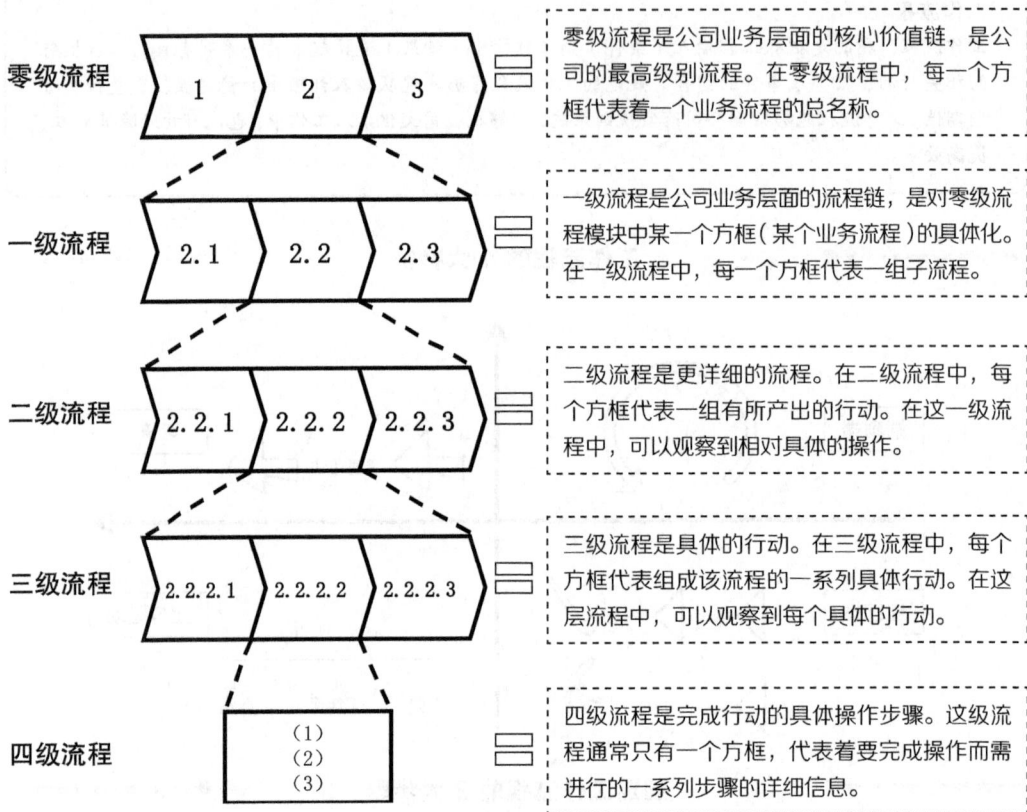

零级流程	零级流程是公司业务层面的核心价值链，是公司的最高级别流程。在零级流程中，每一个方框代表着一个业务流程的总名称。

方框：1 2 3

一级流程	一级流程是公司业务层面的流程链，是对零级流程模块中某一个方框（某个业务流程）的具体化。在一级流程中，每一个方框代表一组子流程。

方框：2.1 2.2 2.3

二级流程	二级流程是更详细的流程。在二级流程中，每个方框代表一组有所产出的行动。在这一级流程中，可以观察到相对具体的操作。

方框：2.2.1 2.2.2 2.2.3

三级流程	三级流程是具体的行动。在三级流程中，每个方框代表组成该流程的一系列具体行动。在这层流程中，可以观察到每个具体的行动。

方框：2.2.2.1 2.2.2.2 2.2.2.3

四级流程	四级流程是完成行动的具体操作步骤。这级流程通常只有一个方框，代表着要完成操作而需进行的一系列步骤的详细信息。

方框：（1）（2）（3）

小贴士

由于价值链分解的不同级流程的使用者不同以及目的不同，所以，把价值链分解到流程的过程不是级数越多越好，越细越好，而是应根据需要有所选择。在进行选择时，需注意以下几点。

（1）如果是为了对业务和管理模型进行阐释或高层次的分析，价值链可以分解到二级流程。

（2）如果需要涉及具体业务操作流程以及活动的操作流程，价值链可以分解到三级流程。

（3）如果需要描述每个活动的详细操作或程序，使流程可操作，价值链可以分解到四级或五级流程。

8.3 学习资源

　　学习资源是公司能够为员工提供的成长资源。如果学习资源充沛，将会给员工能力的提升形成一种滋养，员工能够从学习资源中获得能力的提升。公司给员工提供的学习资源越多，实施员工激励的效果越显著。公司常用的学习资源包括讲师资源、课程资源。

8.3.1 讲师资源：没有我谁来传承

🔒 **问题场景**

说起学习资源，我发现公司给员工提供的学习资源确实太少了。

现在学习资源缺乏的问题主要体现在哪方面呢？

我们没有设置专门的学习场地，没有买某些学习设备，也没有专门设置学习经费。

这些资源其实并不关键，这些都是学习的**硬件资源**，学习资源中最关键的是**软件资源**。

我之前没有仔细想过，都有哪些比较关键的软件资源呢？

软件资源中最关键的是**讲师资源**。

讲师资源我们的确很欠缺，也没有太多经费从外部请讲师。

讲师可以从外部请，也可以通过内部培养。这两种方式各有优缺点，公司可以搭配运用。

问题拆解

学习资源中的硬件资源归根结底都是经费资源，只要经费资源充足，经费资源就很容易转换成硬件资源。但软件资源并不能由经费资源直接转换。讲师资源是软件资源中的核心资源，所谓的"口口相传""手把手教"，都是通过讲师资源实现的。

工具介绍

讲师资源

培训讲师是最稀缺、最核心的培训资源，是学习资源中最重要的资源。就算没有场地，没有设备，没有课件，没有资料，没有经费，只要有一位优秀的培训讲师，学习照常可以进行。可如果没有培训讲师，即使场地、设备、课件、资料、经费等资源都很充足，学习也很难进行。讲师资源的质量，决定了学习的质量。

获取培训讲师的 2 条途径

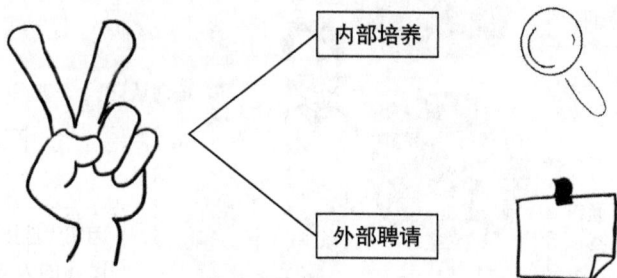

内部培养

外部聘请

讲师来源	来源	优点	缺点
内部培养	专职培训师、优秀的部门主管、专业技术人才、骨干员工、中高层管理者、拥有某项技能的兴趣爱好者等	（1）熟悉公司内部情况，培训过程中的交流较顺畅； （2）讲师自身能够为学员树立榜样； （3）易于管理，便于沟通； （4）成本相对较低	（1）权威性相对较低； （2）选择范围较小，很难培养出高质量的讲师； （3）可能出现"近亲繁殖"现象； （4）参训人员可能热情不高
外部聘请	培训机构或咨询公司的专业讲师、行业标杆公司的兼职讲师、某领域的专家或学者、高校教师、长期稳定合作的大型供应商或客户提供的讲师资源等	（1）选择范围大，可获取高质量的讲师资源； （2）可以给公司带来较多的新理念、新方法、新工具； （3）对参训人员有较大的吸引力，能获得良好的培训效果； （4）能够提高培训的档次，引起公司内部各方的重视	（1）对公司缺乏了解，培训失败的风险较大； （2）以通用课程为主，有可能会让培训缺乏针对性，适用性低； （3）难以形成系统的培训； （4）成本相对较高

选拔内部讲师的 5 个步骤

公布条件

选拔内部讲师的第一步是公司公布内部讲师的选拔条件。担任内部培训讲师的条件应根据公司的实际需要制定。如果很少有人报名，那么公司要调研员工不愿意报名的原因，并针对这些原因重新审视报名通知和担任讲师的条件。

申请试讲

感兴趣、想做内部讲师的员工可以自行申请。在员工报名之后，试讲开始之前，公司要按照内部培训讲师任职资格标准进行初步筛选。通过初步筛选的员工，可以参加公司统一举办的试讲。

评价考核

试讲之后，公司要对通过试讲的候选人进行综合评价和考核。这里的评价和考核更关注员工日常工作的情况，是更加综合的选拔。内部讲师的责任重大，评价考核的过程应遵循谨慎的原则。

公布条件

申请试讲

培训认证

评价考核

聘任或续聘

培训认证

因初步选拔出的具备培训讲师潜质的人才中有很多人通常不具备讲师需要具备的经验提取、授课表达、课程设计、课程制作等相关能力，所以他们只有在通过培训被给予认证后，才能正式成为讲师。

聘任或续聘

对于新通过认证的讲师候选人，公司可以聘任；对于已经是公司内部讲师，复训后认证通过的人，公司可以续聘。在内部全职讲师和兼职讲师的选拔、开发、学习的层面公司可以采取统一的策略。

小贴士

对内部讲师的评价考核，最重要的是评价考核其态度，其次是绩效，再次是能力。内部讲师的态度一定要端正，内部讲师必须是平时工作积极性比较高、正能量比较多的人。对于绩效水平比较低的候选人，即使他们的个人能力很强，也暂时不要把他们选拔为内部讲师。因为这可能会给员工一种心理暗示，即公司可以推举和容忍绩效低的人，这不利于公司的绩效管理文化。

8.3.2 课程资源：产业化人才培养

🔒 问题场景

拥有了讲师资源，是不是就等于拥有了学习资源中的所有软件资源了？

并不是。软件资源中还有一种资源特别重要，那就是**课程资源**。

让讲师设计课程资源不就好了吗？

讲师虽然能够传承知识和经验，但设计课程资源本身也是一个专业化的工作。好的讲师资源不一定能换来好的课程资源。

不同的课程内容对应着不同的授课目的，能够达到不同的学习效果。

课程资源的专业性体现在哪里呢？

好的课程本身就具备传承性，可以由不同的讲师来讲。而且能够做到标准化，每一次呈现课程之后都能达到相同的传授知识和技能的目的。

看来我还得重视课程资源，把公司的课程体系建立完整。

问题拆解

讲师资源虽然非常重要，但因为讲师资源是一种人力资源，具有一定的不稳定性和不确定性，所以如果管理不当，有时候难以发挥预期效果。课程资源是一种知识资源，比讲师资源的可控性更好，是公司必须要建设的一种学习资源。

工具介绍

课程资源

课程资源是承接讲师的观念、知识、技能等信息的载体。课程资源的质量直接影响着培训效果。好的课程能够让员工快速接受信息，有效地内化信息，准确地应用信息。课程资源可以由讲师资源转化，但需要对课程进行顶层设计。

根据要达到的学习目标，公司中常见的课程可以分为 7 类，分别是流程类、过程类、结构类、概念类、原则类、事实类和区别类。这 7 类培训课程承担着不同的功能，根据要解决的问题，公司可以在 7 类培训课程中选择一种或几种类别的组合。

课程结构设计的 4 个关键点

学习的目的是解决问题。但员工很可能在学习开始之前没有意识到问题，对问题的认识不深刻、不全面、不到位。因此，在课程的开始阶段，讲师要通过游戏、提问、测试、案例研讨等各种方式吸引员工的注意力，启发员工的思维，帮助其发现问题，激发其学习欲望。

课程最后，员工通过对课题进一步地研究、交流、探讨，升华学习所得，深入反思自身距离学习目标还存在哪些差距，应继续做出哪些方面的努力，形成不断提升的闭环。

发现问题后，讲师可以开始正式的课程，也就是对员工进行解决问题的科学方法讲授和理论指导。讲师应注意始终保持培训课程简单易懂，尽量不要有过多复杂的原理。在这个部分，讲师同样需要多引用故事、案例、名言警句、权威观点、音乐、图片、视频等素材来表现课程的内容。

实战演练的环节不仅能够让员工在学习过程中练习，而且能够让讲师对员工的实际操作实施一定的点评、纠正或指导，巩固培训的内容，加深员工学习的印象，加强学习的效果。一切不具备实用性的课程都是没有效果的。

发现问题 → 总结反思 → 实战演练 → 理论指导

课程的 7 种类型

流程类培训课程，其内容一般是完成某项任务的全部步骤，例如完成某任务的第一步、第二步、第三步分别应做什么。这类课程的主要目的，通常是教会员工某种操作技能。这类课程的评估，通常需要员工实际操作。例如主题为"如何组装一把椅子"的培训课程，应采用流程类。

概念类培训课程，其内容一般是对某个事物的具体定义。这类培训课程的主要目的，是让参训人员能够正确地认识或识别某个事物。例如主题为"什么是椅子"的培训课程，应当采用概念类。

过程类培训课程，其内容一般是某项事物转变所需要经历的过程。这类课程的主要目的，一般是让参训人员学习了解即可，并不一定需要实际操作。例如主题为"组装椅子的零件是如何生产出来的"的培训课程，应采用过程类。

原则类培训课程，其内容一般是事物运行的规律或当人们要运用某事物时需要遵循的普遍规律。这类培训课程的主要目的，是让参训人员认识到对于某类事物，什么能做、什么不能做。例如主题为"椅子是用来坐的，不是用来吃的"的培训课程，应当采用原则类。

结构类培训课程，其内容一般是对某项事物内部的分类、层级、关系的描述。这类培训课程的主要目的，通常是让参训人员对事物内部整体性和关联性有所把握。例如主题为"一把椅子都由哪些部分组成"的培训课程，应采用结构类。

- 01. 流程类
- 02. 过程类
- 03. 结构类
- 04. 概念类
- 05. 原则类
- 06. 事实类
- 07. 区别类

事实类培训课程，其内容一般是描述关于某个事物的事实信息、发生经过或客观属性。这类培训课程的主要目的，是帮助员工认清事实。例如主题为"椅子有四条腿"的培训课程，应当采用事实类。

区别类培训课程，其内容一般是某种事物都有哪些分类标准，在同样的类别中还有哪一些相似的事物。这类培训课程的主要目的，是帮助员工区分事物。例如主题为"椅子都有哪些分类"的培训课程，应当采用区别类。

小贴士

成年人的学习强调学以致用，因此在设计课程的环节，首先需要引起成年人的注意，让其主动发现问题。在设计课程内容时要时刻站在员工的角度思考问题，要不断把自己当成参与学习的员工，然后问自己："这对我有什么用？"从而保证培训课程的内容是针对员工需求的，是能够解决员工实际问题的方法，而不是空洞的理论。

第 9 章　环境资源

💎 **本章背景**

环境资源对员工激励有帮助吗？

当然有帮助。环境不仅影响着员工的行为，也影响着员工激励的效果。

如果环境资源和员工激励有关系，那我觉得这种关系主要体现在办公环境上。我们公司目前的办公环境确实一般。

不仅是办公环境，办公环境是物理环境，环境资源还包含员工的精神环境。

怎么为员工设计好环境资源呢？

我们分别从文化激励和工作氛围 2 个方面，来探讨一下管理者如何运用环境资源做好员工激励吧。

背景介绍

环境资源是员工激励的基础。环境资源分为硬件环境资源和软件环境资源。硬件环境资源包括员工办公场地的设施、设备、装饰等；软件环境资源包括公司文化、人文环境、沟通气氛等。要做好在环境资源方面的员工激励工作，需要软件资源和硬件资源共同发挥作用。

9.1 文化激励

　　再怎么重视文化对公司的作用都不为过。现代公司之间的竞争已经不仅是技术的竞争、产品的竞争、市场的竞争或人才的竞争，还包括公司文化的竞争。越来越多的公司认可文化管理是公司管理的最高境界，文化激励是员工激励的高级形式。

9.1.1　文化形象：适合才是最好的

🔒 **问题场景**

我发现员工之间很冷漠。很多员工除了与部门内部有工作接触的几个同事的感情较好外，对待其他同事就像对待陌生人一样。这种现象我觉得不太好。

这种情况除了与员工本人的性格有关外，还和公司文化有关。人情冷漠的公司文化容易塑造出人情冷漠的员工。

公司文化就是公司的使命、愿景和价值观吗？我们公司也有啊，这和员工之间的冷漠有关系吗？

你说的那个是标语、口号，那些不代表公司文化。我说的公司文化，更偏重于一种精神氛围。

公司文化能解决人情冷漠这个问题吗？

好的公司文化，能够引导员工相互关心，相互帮助。

我应该给公司设计什么样的公司文化呢？

公司文化本身没有优劣之分，但是有适宜与不适宜之分。要想正确地建设和传播公司文化，首先管理者要认识公司文化。

问题拆解

很多员工在公司与同事一起度过的时间，比与家人在一起度过的时间长。可很多员工之间形同陌路，不闻不问，除了工作外，缺乏互动和交流。大家都待在自己的小圈子里面，同事之间感情淡薄，甚至有的员工入职很久，却相互不认识。这种人情上的冷漠，站在员工的角度无可非议。可是站在公司的角度，这是很多公司都不希望见到的。虽然公司中的同事关系、上下级关系具备商业属性，但绝不应该被看成纯粹的商业关系。

工具介绍

公司文化

公司文化是公司中一条无形的轨道和发动机，它有一股无形的力量，引导着一个公司整体的思维模式和行为模式，它包括了公司的价值观、公司的习俗以及公司内部的氛围。公司文化是公司所有员工都拥有的一种共同的思维模式和行为模式。公司文化，能够提升公司的凝聚力，约束员工的行为，传播正确的价值导向，树立公司的品牌价值，提高公司的经济效益。

常见的 4 种公司文化形象

象文化

狼文化

这类公司文化强调人本理论。在这类公司中，"以人为本""以人为先""以人为始""人文关怀"等关键词经常出现，公司强调人与人之间的尊重、友好。这类公司相信，公司的成功，是因为人力资源得到了比较充分的开发和重视。

这类公司强调快速发展、弱肉强食，强调狼性精神。在这类公司中，"冒险""速度""创新""增长""危机意识""持之以恒""团队协作"等关键词经常出现，这类公司强调"胜者为王，败者为寇"的适者生存法则。

这类公司强调绩效为王、结果导向，强调目标意识。在这类公司中，"市场份额""市场排名""业绩达成""目标实现"等关键词经常出现，这类公司强调实现目标、完成计划、取得业绩的市场意识。

这类公司强调遵守秩序、一步一个脚印，强调稳健发展。在这类公司中，"标准""制度""流程""规则""成本""运营""服务"等关键词经常出现，这类公司强调稳定发展、稳步前进的大局意识。

鹰文化

牛文化

应用解析

4 种公司文化形象的特点

这类公司通常会为员工提供充满活力的、有利于激发创造力的工作环境。公司非常重视自己在行业中的领先地位，管理层通常具备比较强的冲劲。狼文化比较典型的代表公司有华为、格力电器、娃哈哈、李宁、比亚迪等。

这类公司通常会为员工提供充满竞争的环境，让员工保持对市场的敏感度，激发员工的竞争意识。这往往是这类公司能够在市场中一直占有一席之地的原因。鹰文化比较典型的代表公司有联想、伊利、国美、平安、光明等。

这类公司通常会为员工提供和谐、友好、舒适的工作环境，主动协助员工解决困难，提高员工的满意度。在这类公司中工作，员工常会感受到被关怀、被重视。象文化比较典型的代表公司有万科、青岛啤酒、海信、长虹、雅戈尔等。

这类公司通常会为员工提供相对稳定的工作环境，让员工严格遵守公司创造的某种秩序，通过运营的稳定性，保证比较稳定的产品质量或服务质量。牛文化比较典型的代表公司有海尔、苏宁、美的、汇源等。

狼　鹰

象　牛

小贴士

说起公司文化，有人觉得它不真实；有人觉得公司文化就是创始人的个人文化；有人觉得公司文化就是贴在墙上的标语；有人觉得公司文化就是做思想政治工作或搞团建活动。这些认识都不准确。公司文化确实看不见、摸不着，但是不能说它不存在；公司文化确实和公司创始人有很大关系，但不能说它就是创始人个人的文化；公司文化确实可以具体为一些文字，但不能说它就是标语口号；建设公司文化时，公司确实需做一些思想工作或进行团建活动，但不能说这些就是公司文化。

9.1.2　文化建设：谁说氛围不能变

🔒 **问题场景**

知道了公司文化的类型，选择一个适合自己公司的类型，然后推广就可以了吗？

基本原理是这样。但公司文化不像买卖物品那么简单，不是想有就能有的。

那该怎么办？

要想拥有良性的公司文化，需要做公司**文化建设**。

文化建设？听起来像是建设一栋建筑物。

确实，文化建设就像建设一栋大楼，是一系列系统化的工作，需要一系列管理系统的支持。

公司文化应该由谁来建设呢？

公司管理层对文化建设的影响巨大，尤其是最高管理层。

问题拆解

公司文化建设是一项系统的、持续的、长远的工作，不可能一蹴而就。它首先需要公司高层管理层的重视和参与；其次需要公司的管理层在行动上持续做到以身作则，身体力行；最后需要时间的积累和沉淀。

工具介绍

文化建设

公司可以根据自己的风格选择适合的公司文化，建立、强化并且发扬这种公司文化。公司文化建设，需要公司最高管理层参与，提炼公司文化的核心，形成与公司文化相关的制度，并通过各类活动，落实公司文化。

建设公司文化的 3 个步骤

1. 公司文化诊断与提炼

公司最高管理层可以与中高管理层召开公司文化研讨会，建立一个公司文化推广小组，最高管理层总结公司文化的理念。把能够代表公司文化理念的事件、人物找出来，判断这些事件、人物与公司理念的匹配程度。过程中，管理者要注意诊断公司文化的问题，在讨论中修正当前的公司文化理念，让公司文化的精神层更精准、更凝聚。

2. 公司文化设计与布局

在提炼出精神层的公司文化之后，公司文化推广小组要对公司文化进行设计，把公司文化的理念变成各项具体的制度、流程、规则。除此之外，文化推广小组还要把公司文件理念总结成易于被传播的故事，编制公司文化手册，为公司文化的强化与传播做好事先的布局。

3. 公司文化强化与传播

要想让公司文化在公司中得到强化和传播，公司文化推广小组需要制定一套公司文化推广策略。其中包括：如何对全体员工进行公司文化培训；如何让新员工快速理解公司文化；如何让公司文化故事在公司中持续传播等。

注意：如果公司文化推广小组中的大部分人无法找出公司中具有代表性的事件或人物，则说明公司文化并没有得到员工的广泛认同，或者公司文化并没有深入人心；如果大部分人都能找到比较有代表性的事件或人物，而且相对比较集中，则说明公司文化已经被广泛认同。

公司文化建设的 3 个层次

公司文化在物质层面的建设是为了让公司文化能够被看得见、摸得着，能够被员工更直观地感受到。

它包括公司的产品、绩效结果、奖惩实施、建筑、广告、标识、工装、工作牌、名片、信纸等。

精神层面的公司文化指的是公司领导者和大部分员工共同遵循的基本理念，例如价值观、职业道德或者精神风貌。精神层面的公司文化既是公司文化的灵魂，又是公司文化的核心。

公司文化在精神层面的表现形式包括两部分，一是公司愿景、使命、价值观、精神、信仰等核心理念；二是品牌理念、服务理念、产品理念、营销理念、质量理念、人才理念等运营理念。

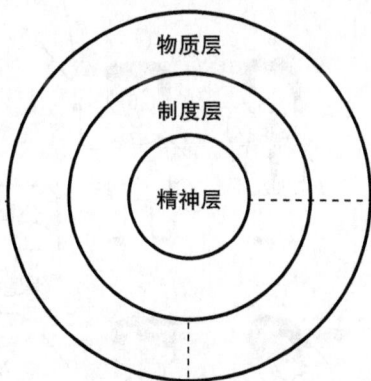

物质层

制度层

精神层

公司文化建设，不能只说不做，也不能仅仅停留在意识形态。公司文化不仅要做，而且还必须要做，要变成制度、流程、规范。

这里的制度，包括制定奖惩制度，制定绩效考核，制定任职资格等一切公司必备的制度。制度层面的建设，能形成公司内部的规则系统，让公司文化不仅能够变成一种长期的、稳定的存在，而且能成为公司所有人约定俗成的做事要求，久而久之，成为一种公司风俗和行为习惯。

小贴士

精神层是公司文化建设中最核心的一层，它说明了公司文化的核心价值导向以及深层次内涵；制度层是由精神层延伸出来的，它承接精神层的内涵，是公司内部的规则和制度保证；物质层是公司文化的最外层，它的表现形式多种多样，是公司文化的传播形象和外在表现。

9.1.3 文化传播：持续的集体观念

🔒 问题场景

曾经我总结出一些比较好的公司文化，也尝试在公司中打造这样的文化，可一段时间之后，就发现文化"变味"了。

也许是公司文化在传播的过程中出了问题。

文化传播具体指的是什么呢？

就是怎么让公司文化持久地、广泛地、全面地被公司内部和外部知道。

我也做过一些传播啊，例如通过公司内部的报纸、期刊做宣传。

公司文化传播的手段不能太单一，管理者应当把所有能想到的渠道都用上。

也就是说，文化传播要做到"无处不在"吗？

没错。最好做到公司里面的每一丝空气都在替你传播公司文化。

问题拆解

公司文化传播是否有效不是"有没有传播"的问题，而是"有没有想尽一切办法传播"的问题。传播公司文化不能以一种完成任务的心态来做。公司文化的传播应融合在公司内外部管理和传播的各个方面。

💡 工具介绍

公司文化传播

要想让基层员工真正感受到公司文化，让公司文化按照管理层的期望实现可持续发展，公司要做到持续传播自己的文化。传播公司文化可以通过能动用的各类渠道资源。除此之外，最好的办法是公司使高层管理者、基层管理者和基层员工在行为上落实，并形成一种习惯。

公司文化传播常用的 7 种渠道

公司内部各种会议

例如晨会、夕会、总结会，以及全体员工大会。会议除了可以用来传达经营理念、传递公司的规章制度、布置工作外，还可以用来宣讲公司文化。

领导人的榜样作用

在公司文化形成的过程中，领导人的榜样作用有很大的影响。行胜于言，员工更多不是看管理者是怎么说的，而是看管理者（尤其是最高管理者）是怎么做的。

所有宣传落实文化

例如宣传栏内的公告，公司内部发行的刊物（《公司文化大家谈》《好人好事》），内外部网站宣传，公司墙上的播放器中持续播放的视频（宣传片），公司内网或者邮件署名处的标语等。

利用各种文体活动

比如唱歌、跳舞、体育比赛、晚会、演讲比赛、征文比赛等，在这些活动中可以把公司文化的价值观贯穿其中。举办公司文化论坛，请高层领导或者优秀人物现身说法。

运用故事的力量

有关公司的正向故事在公司内部总结和流传，会起到公司文化建设的作用。在公司的创业史、发展史陈列室中，陈列一切与公司文化相关的物品。树立典型人物或典型部门，让全公司员工学习和发扬。

开展员工互评活动

互评活动指的是员工对照公司文化要求当众评价同事工作状态，也当众评价自己做得如何，并由同事评价自己做得如何。通过互评活动，摆明矛盾，消除分歧，改正缺点，发扬优点，明辨是非，以使工作状态优化。

各类标识统一形象

员工的工作牌、工作服、统一发的运动服等衣服上可以宣传公司文化；笔记本、便笺纸、信纸、纸杯、台历、包装袋以及其他办公用到的用品也可以宣传公司文化。管理者可以把形成公司文化的手册和员工手册合并。

跨地区公司文化管理的 3 大因素

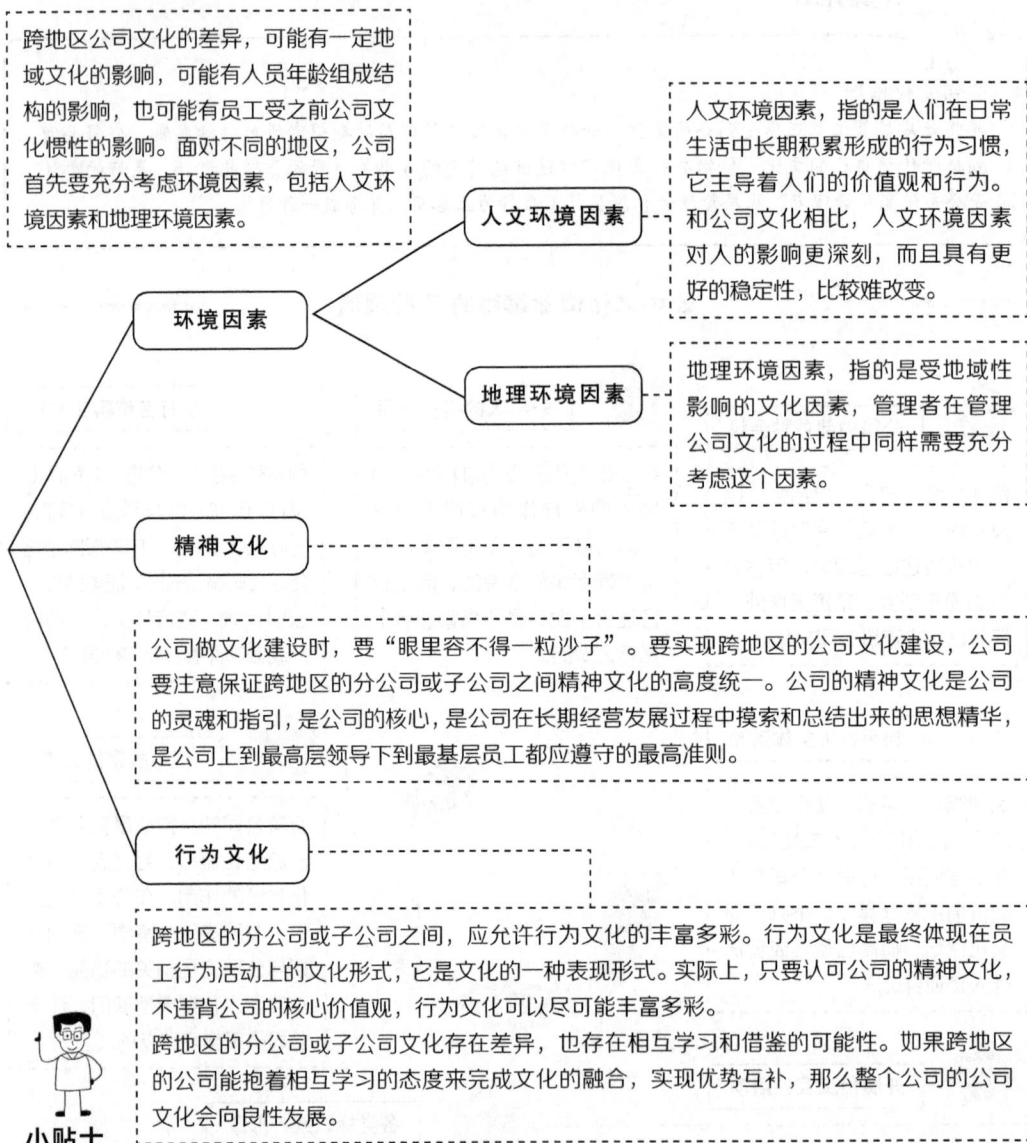

跨地区公司文化的差异，可能有一定地域文化的影响，可能有人员年龄组成结构的影响，也可能有员工受之前公司文化惯性的影响。面对不同的地区，公司首先要充分考虑环境因素，包括人文环境因素和地理环境因素。

环境因素

人文环境因素

人文环境因素，指的是人们在日常生活中长期积累形成的行为习惯，它主导着人们的价值观和行为。和公司文化相比，人文环境因素对人的影响更深刻，而且具有更好的稳定性，比较难改变。

地理环境因素

地理环境因素，指的是受地域性影响的文化因素，管理者在管理公司文化的过程中同样需要充分考虑这个因素。

精神文化

公司做文化建设时，要"眼里容不得一粒沙子"。要实现跨地区的公司文化建设，公司要注意保证跨地区的分公司或子公司之间精神文化的高度统一。公司的精神文化是公司的灵魂和指引，是公司的核心，是公司在长期经营发展过程中摸索和总结出来的思想精华，是公司上到最高层领导下到最基层员工都应遵守的最高准则。

行为文化

跨地区的分公司或子公司之间，应允许行为文化的丰富多彩。行为文化是最终体现在员工行为活动上的文化形式，它是文化的一种表现形式。实际上，只要认可公司的精神文化，不违背公司的核心价值观，行为文化可以尽可能丰富多彩。

跨地区的分公司或子公司文化存在差异，也存在相互学习和借鉴的可能性。如果跨地区的公司能抱着相互学习的态度来完成文化的融合，实现优势互补，那么整个公司的公司文化会向良性发展。

小贴士

跨地区的文化建设在强调相同性的同时，还要注重包容性，不应过分追求细节。如同在一个家庭中，哥哥喜欢古典文学，弟弟喜欢下象棋，姐姐喜欢跳舞，妹妹偏好诗词歌赋，爸爸妈妈带着全家一起玩时，可以允许他们有自己的娱乐方式，不需要太过于关注表面上爱好的不同。只要承认彼此是一家人，只要彼此拥有共同的最高精神文化，有共同的目标就可以。

9.2　工作氛围

工作氛围影响着员工激励的效果。良好的工作氛围有助于给员工创造更好的开展工作的条件，让员工在心理上获得舒适感，进而产生满足感，同时使这种满足感外显在行为上。

9.2.1 安全激励：感受家一般的温暖

我不在公司时，总是担心和焦虑，害怕公司突然出问题。

你这是缺乏安全感的表现啊。

确实，我很理解你的感受。不过，你有没有想过自己的员工在担心什么？他们有没有可能也缺乏安全感？

哎……也许所有公司的创始人都这样吧。

我看他们大部分人上班也没什么心事，活得比我滋润多了。他们也会缺乏安全感？

工作状态不能反映员工是否缺乏安全感。很多时候正因为员工没有安全感，所以他们不愿意全身心投入工作。

给不同员工带来安全感的事项是不同的，管理者应当根据员工的情况，挖掘他的需求，针对需求满足员工，提高他的安全感。

那我该怎么提高员工的安全感呢？

问题拆解

很多公司存在"高层不放心中层，中层不放心基层，基层不放心工作"的情况，整个公司都缺乏安全感。如果员工缺乏安全感，那么再好的激励方式也没有效果。做员工激励，要先保证员工具备基本的安全感。

👓 **工具介绍**

安全激励

安全感是员工安心工作的基础，是每个人都会追求的底层情感。给人们提供安全感的事项就像是人们心灵的避风港，能够帮助人们遮挡心灵上的风雨。当公司能够给员工足够的安全感时，员工将会更加安心地工作。安全激励正是通过增加员工的安全感，从而提高员工对激励的敏感度的方法。注意，安全激励是有边界的。追求安全激励不代表公司需要给员工提供过度的安全感。当公司给员工提供的安全感过高时，员工可能会陷入舒适圈，这时员工反而不愿意行动。

安全激励的 3 大维度

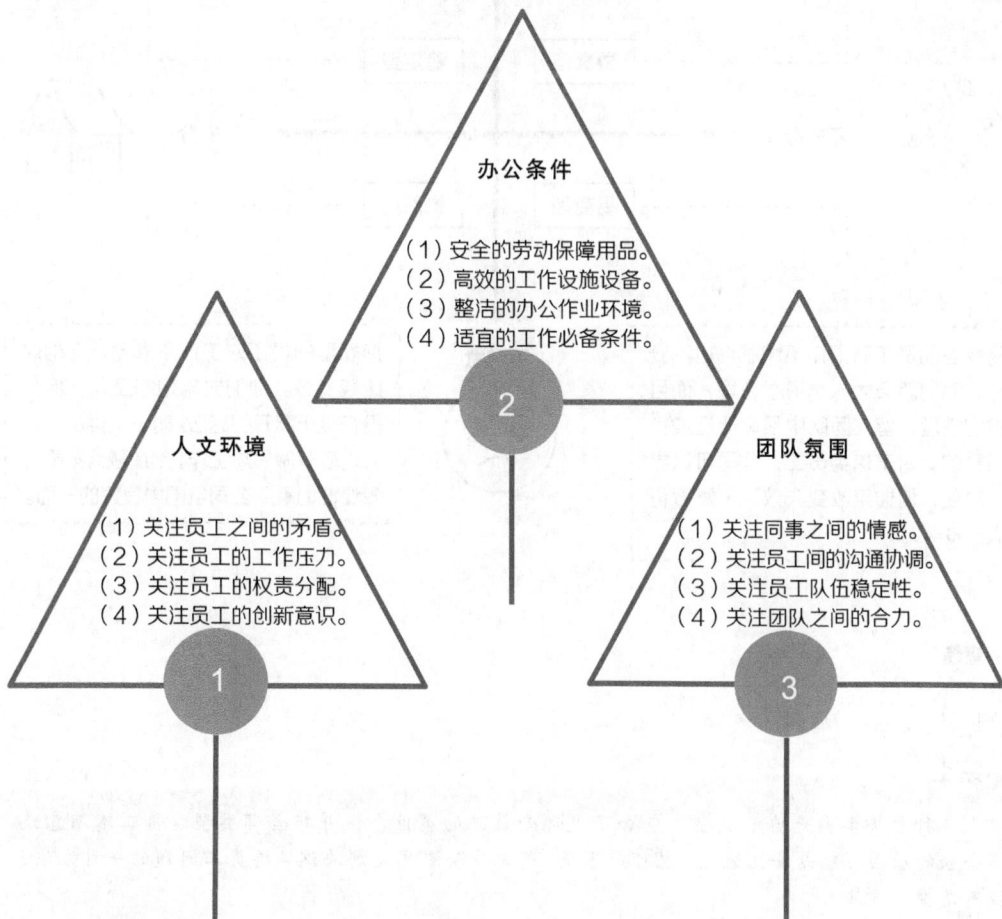

办公条件

（1）安全的劳动保障用品。
（2）高效的工作设施设备。
（3）整洁的办公作业环境。
（4）适宜的工作必备条件。

②

人文环境

（1）关注员工之间的矛盾。
（2）关注员工的工作压力。
（3）关注员工的权责分配。
（4）关注员工的创新意识。

①

团队氛围

（1）关注同事之间的情感。
（2）关注员工间的沟通协调。
（3）关注员工队伍稳定性。
（4）关注团队之间的合力。

③

常见的 4 种员工类型与安全激励方式

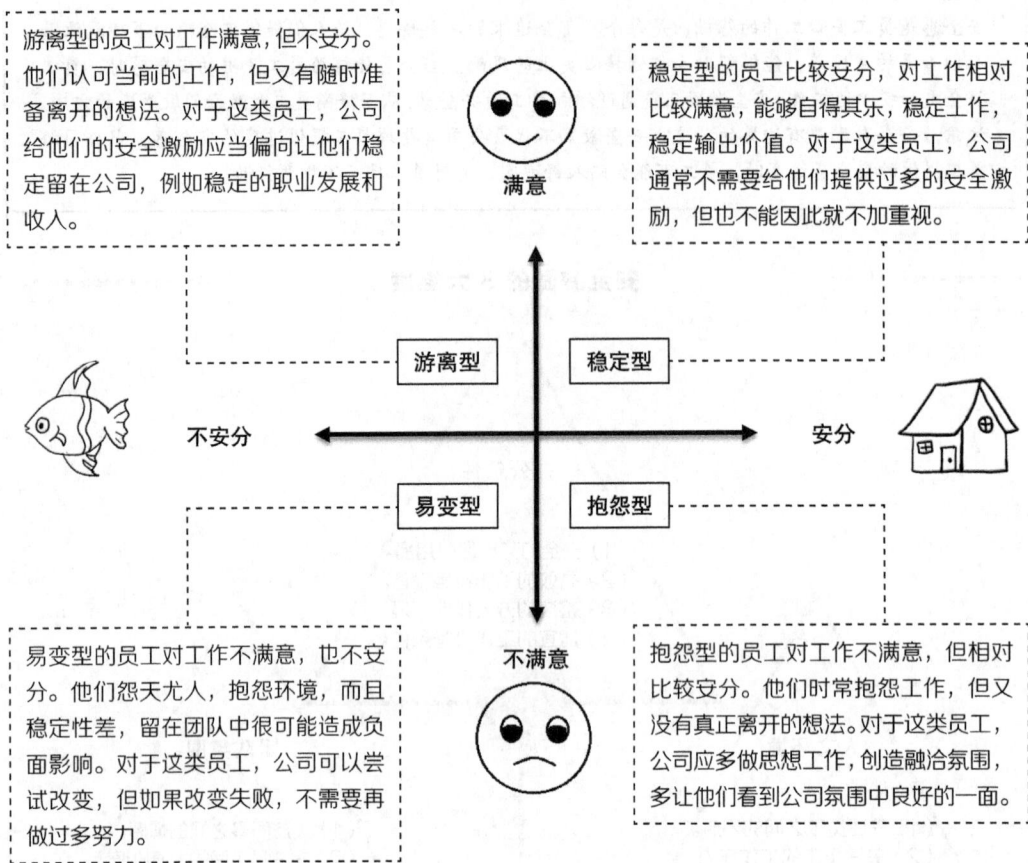

游离型的员工对工作满意，但不安分。他们认可当前的工作，但又有随时准备离开的想法。对于这类员工，公司给他们的安全激励应当偏向让他们稳定留在公司，例如稳定的职业发展和收入。

稳定型的员工比较安分，对工作相对比较满意，能够自得其乐，稳定工作，稳定输出价值。对于这类员工，公司通常不需要给他们提供过多的安全激励，但也不能因此就不加重视。

满意

游离型　稳定型

不安分 ←――――――――→ 安分

易变型　抱怨型

不满意

易变型的员工对工作不满意，也不安分。他们怨天尤人，抱怨环境，而且稳定性差，留在团队中很可能造成负面影响。对于这类员工，公司可以尝试改变，但如果改变失败，不需要再做过多努力。

抱怨型的员工对工作不满意，但相对比较安分。他们时常抱怨工作，但又没有真正离开的想法。对于这类员工，公司应多做思想工作，创造融洽氛围，多让他们看到公司氛围中良好的一面。

小贴士

以上 4 种员工类型是典型类型，包含了大部分员工的属性，但并非全部类型。员工不满意或不安分的原因可能是安全感差，也可能不是，所以安全激励是解决这 4 类员工问题的一种方法，但不是唯一方法。

9.2.2 快乐激励：工作也可以有趣

我发现公司的员工上班时总是皱着眉头，显得很"丧"。

可能是因为他们上班时感受到的不是快乐，而是痛苦吧。

有时候我也在想，快乐有那么重要吗？让员工痛苦一点会不会反而是好事。

怎么会！快乐，能够让员工更快速、更高质量地完成工作；而痛苦，只会让员工产生负面情绪。

工作又不是过家家，员工的工作压力小，还怎么为公司创造价值？

员工的工作压力大小和工作快乐不快乐是不相关的两件事。工作压力大，一样可以快乐；工作压力小，一样可以不快乐。

工作压力大，怎么还能快乐呢？

压力大代表着工作的挑战性大，高挑战性背后的高收益性本身就会给一些员工带来愉悦感。当然，对其他员工来说，公司可以通过很多手段，让压力和快乐并存。

问题拆解

很多管理者通过给员工施压，促使员工采取行动。这类管理者判断是否可以向员工继续施压的标准，就是看员工的工作情绪。如果员工比较快乐，则代表还可以继续向员工施压；如果员工比较痛苦，则代表压力给足了。这类管理者的做法最终换来的，一定是员工的离开。

工具介绍

快乐激励

员工对工作的感觉影响着员工的工作效率、稳定性和满足感。让员工快乐工作，员工能够获得愉悦感。愉悦能够增强人的行动力，让人们不把工作当负担，而当成一种自己愿意做的事。让员工感受到工作的快乐，与对员工的工作数量、工作质量、工作交期等的严格要求并不矛盾。相反，让员工快乐地工作，能够激发员工的主动性和创造力，会提高员工的工作成效。

影响员工快乐程度的 3 大要素

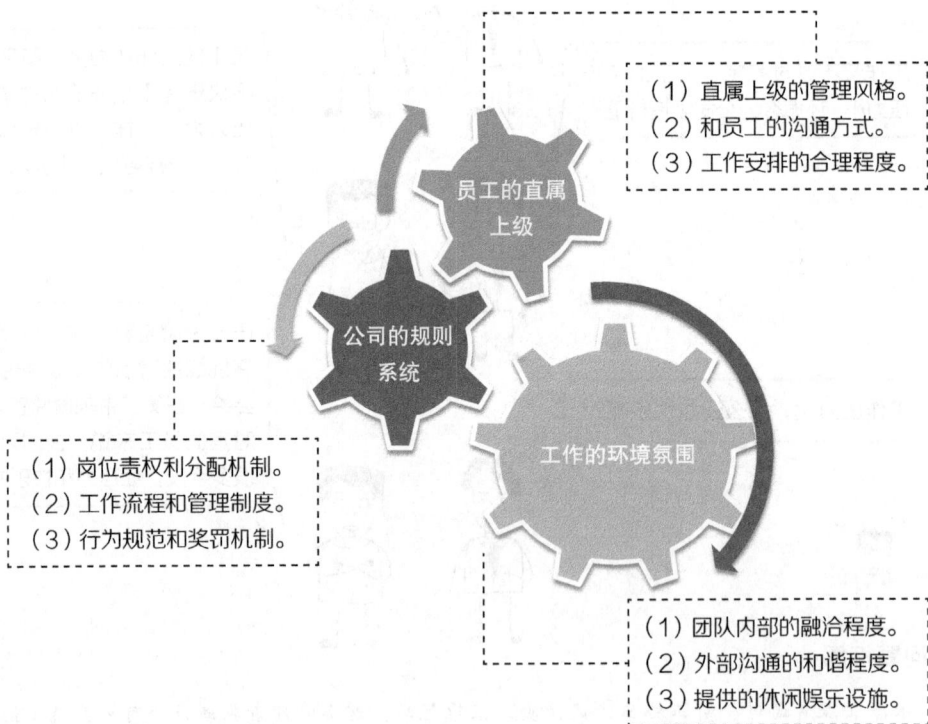

员工的直属上级

公司的规则系统

工作的环境氛围

（1）直属上级的管理风格。
（2）和员工的沟通方式。
（3）工作安排的合理程度。

（1）岗位责权利分配机制。
（2）工作流程和管理制度。
（3）行为规范和奖罚机制。

（1）团队内部的融洽程度。
（2）外部沟通的和谐程度。
（3）提供的休闲娱乐设施。

让员工快乐工作的 6 种方法

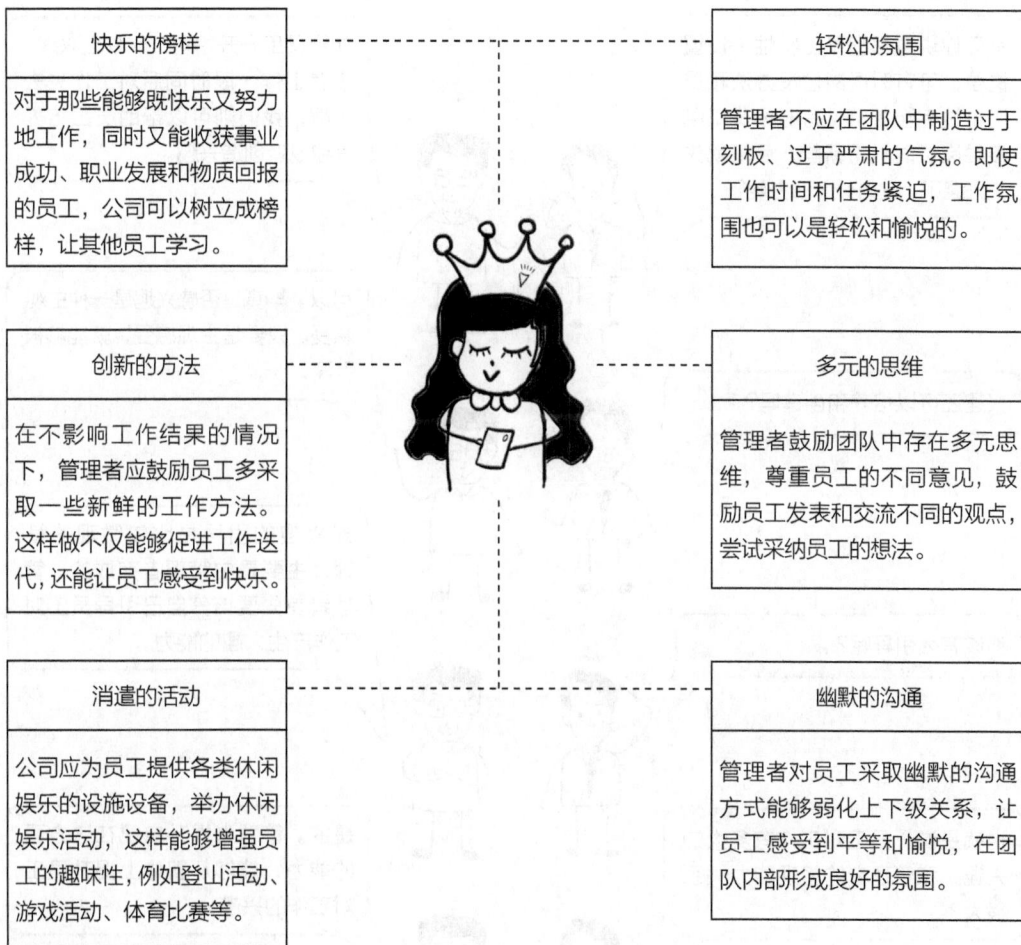

快乐的榜样

对于那些能够既快乐又努力地工作，同时又能收获事业成功、职业发展和物质回报的员工，公司可以树立成榜样，让其他员工学习。

轻松的氛围

管理者不应在团队中制造过于刻板、过于严肃的气氛。即使工作时间和任务紧迫，工作氛围也可以是轻松和愉悦的。

创新的方法

在不影响工作结果的情况下，管理者应鼓励员工多采取一些新鲜的工作方法。这样做不仅能够促进工作迭代，还能让员工感受到快乐。

多元的思维

管理者鼓励团队中存在多元思维，尊重员工的不同意见，鼓励员工发表和交流不同的观点，尝试采纳员工的想法。

消遣的活动

公司应为员工提供各类休闲娱乐的设施设备，举办休闲娱乐活动，这样能够增强员工的趣味性，例如登山活动、游戏活动、体育比赛等。

幽默的沟通

管理者对员工采取幽默的沟通方式能够弱化上下级关系，让员工感受到平等和愉悦，在团队内部形成良好的氛围。

小贴士

快乐激励是个体激励，更是群体激励。快乐是一种主观因素，与员工个人的身心状态和家庭情况有很大关系。对于某个员工而言，他可能因为一些原因，难以体会到工作的快乐。但这不代表公司就不需要从宏观和微观层面营造让全体员工快乐工作的氛围。

9.2.3 兴趣激励：兴趣其实能培养

🔒 问题场景

前面你讲过根据员工特性来设置岗位，可有时候岗位没办法和员工个性完全相符，有时候员工刚接触岗位时觉得新鲜，后来就失去兴趣了。这时候怎么办呢？

如果员工一开始对工作缺乏兴趣，或者工作一段时间后对工作失去兴趣，我们则可以帮助员工培养兴趣或者创造兴趣。

兴趣还可以培养和创造吗？

可以。毕竟是否感兴趣是一种主观感受。只要是主观感受，就能够被引导。

对兴趣的引导是比较微观的管理，主要是由管理者完成的。管理者首先要培养自己引导员工对工作产生兴趣的能力。

那该怎么引导呢？

也就是说，员工对工作有多大的兴趣，和管理者的管理能力关系很大？

是的。管理者提升自己在这方面的能力，能够从整体上提升员工对工作的兴趣。

问题拆解

员工对工作缺乏兴趣这种现象，很多时候只是暂时的。兴趣不是一成不变的，是能够被发掘、培养和引导的。员工很可能只是还没有发现自己工作的兴趣。员工有契机能够发现工作蕴含的乐趣时，就会对工作产生兴趣。让员工对工作产生兴趣的关键角色是员工的直属上级（管理者）。

工具介绍

兴趣激励
员工从事自己感兴趣的岗位时能够获得最大的愉悦感，愿意付出最大的努力。当员工有兴趣时，他工作的积极性和主动性能够被极大地调动起来，工作热情高涨。当员工缺乏兴趣时，他可能会失去工作的动力，出现消极怠工的情况。有时候员工绩效低，正是因为对工作缺乏兴趣。

让员工对工作产生兴趣的 3 大原则

每天做着我喜欢的工作。

从研发部调去了市场部，还是蛮开心的！

满满的责任感！

没有人愿意做无意义的工作，人们在追求工作意义时，其实也是在追求存在感。如果员工不能够发现自己工作的意义所在，那么很难会对工作产生兴趣。

没有人喜欢单调的工作，如果工作过于单调，那么员工会感觉乏味，很容易产生疲劳感。当然，工作变化不宜过大，变化过大的工作可能会让员工没有安全感。

没有人希望被别人控制，当员工能够自主安排工作的目标和计划时，员工会产生责任感。这时员工的主动性更强，愿意付出更多的努力。

为工作赋予意义

让工作有所变化

让员工自主安排

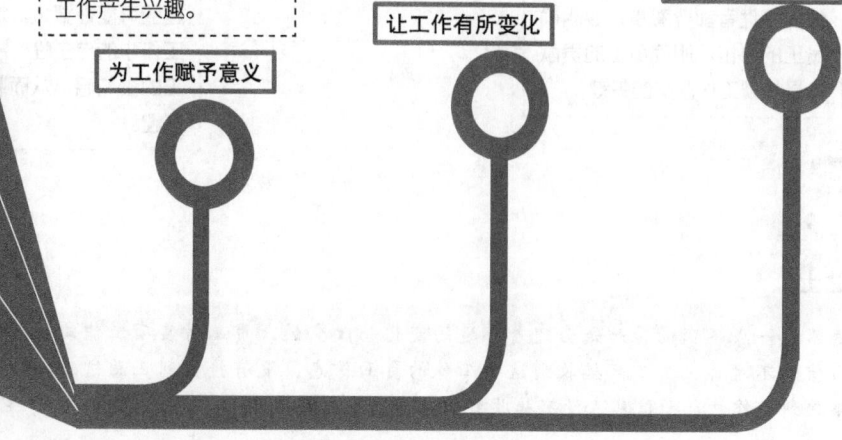

1

2

3

为员工设计有趣工作的 6 个方法

扩大员工的权责范围

员工在工作中的权限越大，员工的主观意愿在工作中的表现越大，但相应地，员工的责任也越大。扩大权责范围，同样是增强员工自主性的方法。

工作内容多样化

员工的工作内容不要过于单一。在员工能够完成本职工作的情况下，管理者可以给员工安排一些上下游工作或关联性工作，让员工的工作内容更加多样化。

获得即时的反馈

管理者对员工即时的、正面的反馈有助于员工在成果较好时获得好的体验，在成果较差时持续地产生有益的行为。

增加目标挑战性

员工的工作目标不应过于简单，设定的工作目标应具备一定的挑战性。有挑战性的工作目标能够增加员工的征服感，让员工更愿意参与。

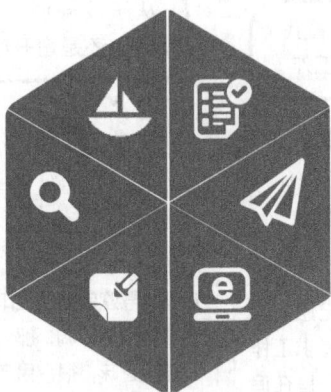

明确员工的贡献

不论员工的实际工作成果如何，管理者都要尊重，要明确员工的付出。明确员工的贡献也是体现工作意义的关键。

增强员工自主性

员工对主动参与的工作产生兴趣的可能性更大。增强员工在工作中的自主性，能够增强员工的参与感，从而激发员工的兴趣。

小贴士

兴趣不是一成不变的，而是会随着环境的变化而改变的。员工对某项工作缺乏兴趣，往往是因为信息不对称，员工只接收到这项工作的负面信息，没有接收到正面信息。如果员工长时间接收到工作的负面信息，没有接收到足够的正面信息，那么员工就会对工作产生厌恶感。

第 10 章　管理资源

说起可用的资源，我又想到了很多，不过不知道和激励有没有关系。

一个会做员工激励的管理者，一定会盘点所有资源。资源就像手中的牌，管理者只有尝试打好手中的每一张牌，才能做好员工激励。

除了组织资源和环境资源之外，还有哪些资源呢？

公司具备的管理资源也是非常重要的资源。

怎么运用好管理资源呢？

我们分别从人力资源和财务资源两个方面，来探讨一下管理者如何运用管理资源做好员工激励吧。

问题拆解

管理资源，指的是公司自身掌握的、能够被公司管理的资源。管理资源在员工激励中的应用并不偏重于对员工个体的激励，而偏重于对员工群体的激励。公司中最常用的 3 项管理资源，分别是人力资源、财务资源和技术资源。

10.1　人力资源

　　作为群体激励的资源，人力资源是公司中最重要的资源之一。善于运用人力资源，保障公司人力资源的数量和质量，能够从宏观上保证员工激励的基础。

10.1.1 人才盘点：盘点质量更重要

人力资源确实很重要，可是我对人力资源没什么概念，也不知道在人力资源管理方面该做什么。

要运用好人力资源，首先要做好人才盘点。

人才盘点有什么难的，不就是数一下员工的人数吗？在这方面我们做得很好，不会出现多人或者少人的情况。

那个不叫"人才盘点"，那个是"人数盘点"。

人才盘点有什么特殊之处呢？

人才盘点的关键不是对人才"数量"的盘点，而是对人才"质量"的盘点。相同人数的公司，拥有的人才质量可大不一样。

确实，人才的质量决定着队伍的战斗力。

盘点出人才的质量，公司就可以针对不同类型的人才，采取不同的应对策略，做到群体激励。

问题拆解

对于公司的人力资源来说，"质量"比"数量"更重要。员工的质量，不是用简单的数量能够判断的。员工质量决定了员工能不能做到与工作相关的事。有可能1个高质量的员工就能做到的事，100个低质量的员工也做不到。这时从结果论的角度来说，1个高质量的员工比100个低质量的员工对公司更有价值。

👤 工具介绍

人才盘点

人才盘点是连接公司当前的人才情况、组织能力和战略实现的一条无形的纽带。人才盘点是对人才现状的梳理，是把公司人力资源相关信息具体化和明晰化的过程。人才盘点是一项"过程"工作，而不是"结果"工作。这项工作本身并不直接产生价值，但管理者根据人才盘点的结果，针对不同的人力资源采取的一系列策略，将会给公司带来价值。

除了盘点人才的数量之外，从微观角度来说，人才盘点一般可以包括员工的技能水平、知识水平、经验水平、绩效水平、工作态度等员工自己条件和工作成果之间的关系。

从宏观角度来说，人才盘点还可以用来评估组织结构与人才匹配情况、关键岗位的胜任和继任情况、关键岗位人才的晋升和发展情况、关键岗位人才的激励和开发情况，以及关键岗位人才的招聘情况等。

人才盘点的价值

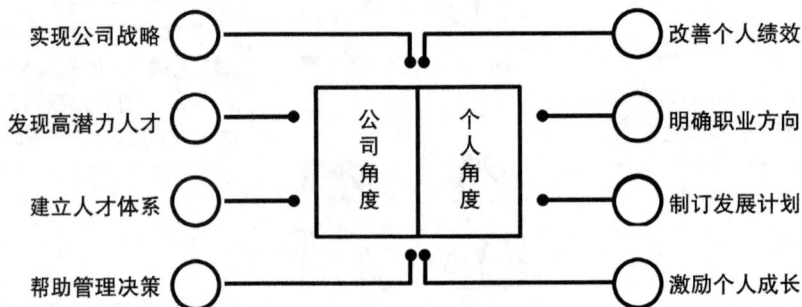

实现公司战略 ○	公司角度 | 个人角度	○ 改善个人绩效
发现高潜力人才 ○		○ 明确职业方向
建立人才体系 ○		○ 制订发展计划
帮助管理决策 ○		○ 激励个人成长

人才盘点的 3 大用途

1　能够为人才选拔决策服务。通过人才盘点，管理者可以知道公司现有人员情况，以及需求人才的情况，管理者可以明确公司需要什么样的人，为人才选拔工作提供决策依据。

2　能够为能力发展服务。通过人才盘点，可以知道现有的人才处于什么水平，未来公司需要什么样的人才。通过盘点找出差距，管理者就可以有针对性地制订培养措施，提高员工的个人能力。

3　能够为留住人才、激励人才服务。人才盘点的同时一般要开展绩效盘点，针对绩效优劣，管理者可以有针对性地制订激励措施，刺激员工提升绩效的同时也能够加强员工的稳定性。

举例：阿里巴巴的人才盘点

阿里巴巴的人才盘点聚焦战略和组织，人才盘点的过程重点聚焦如下内容。

（1）管理是否贯穿在公司的战略、组织和文化之中。

（2）人才盘点的结果不仅是数据结果，还包括人才应该如何发展。

（3）组织是否和战略匹配，是否给予人才足够的发展空间。

通过人才盘点，阿里巴巴根据员工的价值观和业绩，把员工分成5种类别。

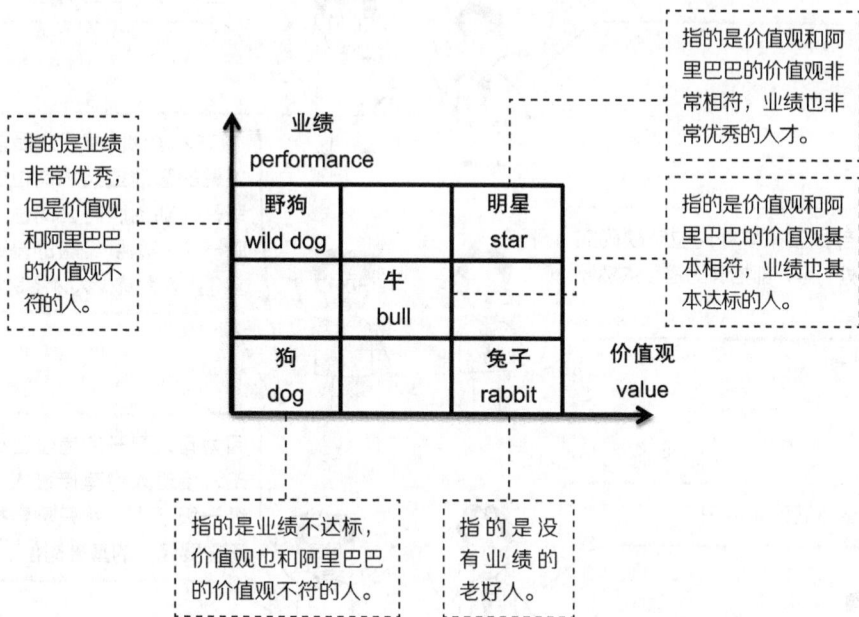

指的是业绩非常优秀，但是价值观和阿里巴巴的价值观不符的人。

指的是价值观和阿里巴巴的价值观非常相符，业绩也非常优秀的人才。

指的是价值观和阿里巴巴的价值观基本相符，业绩也基本达标的人。

业绩
performance

野狗 wild dog		明星 star
	牛 bull	
狗 dog		兔子 rabbit

价值观
value

指的是业绩不达标，价值观也和阿里巴巴的价值观不符的人。

指的是没有业绩的老好人。

小贴士

"老白兔"看似兢兢业业，其实没有产出、没有作品、没有业绩，反而偶尔还会说一些不利于公司发展和团队士气的风凉话。当公司快速发展时，这类员工会越来越多，会影响新人对公司的信任。这类员工所在的岗位本来可以创造更多的价值，但是因为他们占据了岗位，所以可能导致公司错过很多机会。

10.1.2 人才梯队：后继有人不是梦

就算能做好人才盘点，也解决不了我当前外部人才引进难的问题。

做好人才盘点，能帮助你建立公司内部的人才梯队，做好人才培养，提前培养有潜力的员工。

你是说以后员工离职，不再从外部招聘，而是尽可能全用内部的员工。

在工作上，内部员工往往比从外部招聘来的员工更容易上手，而且内部员工的稳定性更强。

用内部员工来填补岗位空缺确实有好处，可外部招聘的难度依然还在呀。

做好人才梯队建设之后，就算有关键的管理或技术岗位的人员离职，外部招聘时公司也只需要招聘一个不需要经验的基础岗位，这将会大大减少人才招聘的难度。

为什么？我没听明白。

因为有人离开的岗位已经有人接班，接班人也有接班人，这样一级一级下去，就只需要补充一个不需要经验的基础岗位。

问题拆解

获取人才的渠道不局限于外部招聘，更有效的方式是内部的培养和提拔。许多外部招聘的人才虽然能力素质也很高，但往往会由于对公司实际情况缺乏了解，不熟悉公司文化，很难在短时间内创造佳绩，甚至往往"水土不服"，最终人才流失的同时也会给公司造成伤害。但公司内部的人才往往能有效地避免这个问题。

工具介绍

人才梯队建设

人才梯队建设，是公司充分运用内部的人才资源，为内部的人才提供岗位发展的机会，为关键岗位培养继任者的管理过程。根据人才盘点的结果进行人才梯队建设，能够形成公司关键岗位的继任者计划。继任者计划，能为公司源源不断地输送人才，能对战略实现和业务增长提供持续的人才资源支持。

内部人才往往比外部人才更了解公司，更容易创造价值。而且许多内部人才也希望得到岗位的调整，让自己的能力提升并更加多元化。人才梯队建设既能够解决外部的招聘难问题，又能够通过内部的岗位晋升或轮换，起到激励员工的作用。

继任者计划示意图

在继任者计划中，培养内部人才需要公司长期投入才可以实现。如果人才规划不到位，那么很容易出现公司需要人才马上补充岗位时而培养工作还没有完成的情况，产生较大的用人风险。

职位	准备程度		
	已准备好	未来 2 年内	未来 2 ~ 5 年
CEO			
CFO			

📢 一般具备一定基础但缺少经验的人才，对于关键岗位的熟悉和了解一般需要 2 年时间，而且要能够和第一梯队形成岗位轮换上的时间差，所以第二梯队用有 2 年左右经验的人才。第三梯队的选择有 2 ~ 5 年经验的人才，这也是考虑人才发展的培养周期和时间差的需要。

单纯按照这个逻辑准备好人选，还是远远不够的。公司还要建立后面 3 个梯队所有继任者的个人培训与开发档案，充分运用现有的资源，通过个体的辅导、参与项目、岗位轮换、培训学习等各种方式帮助继任者提升自身的知识、经验和能力，并且加强管理沟通和过程监控反馈，让这些继任者可以按照既定的成长和发展路线稳步前行，成长为公司需要的人才。

各层级关键岗位人才池

高层管理岗位		高层技术岗位	
高层管理人才池	○ ○ ○ ○ ○ ○ ○ ○	高层技术人才池	○ ○ ○ ○ ○ ○ ○ ○
中层管理岗位		**中层技术岗位**	
中层管理人才池	○ ○ ○ ○ ○ ○	中层技术人才池	○ ○ ○ ○ ○ ○
基层管理岗位		**基层技术岗位**	
基层管理人才池	○ ○ ○ ○ ○ ○	基层技术人才池	○ ○ ○ ○ ○ ○

通过人才梯队建设的逻辑和继任者计划,公司管理类和技术类各层级岗位能够形成蓄水池般的人才池。人才池特别适合中小公司或业务类别比较单一的公司,可以保障公司内部源源不断的人才供应,让公司不至于出现人才断层的现象。

建设人才池的注意事项

公司对人才池的人才培养应当以培养同类型岗位的通用能力为主,专业能力视情况培养。

人才池不一定全由内部人才资源组成,可以有外部的人才资源,如校企合作项目。

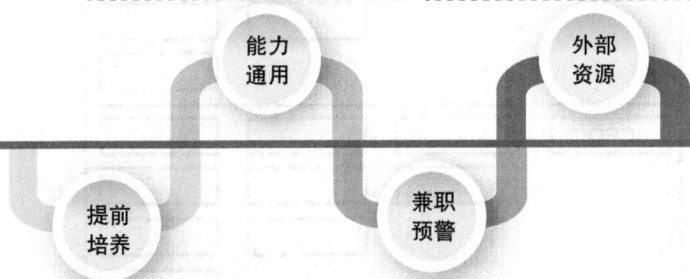

能力通用

外部资源

提前培养

兼职预警

小贴士

人才池中的人才应当提前规划、提前培养,而不是等岗位出现空缺之后再培养。

人才池中的人才在没有补充到离职岗位之前有自己的本职工作,而非专职等待。

每个岗位人员都有马上离开的可能性,可能因为这个岗位的员工晋升到了更高岗位,可能因为岗位轮换,也可能因为员工选择离职。总之,任何一个岗位的人员都不是稳定不变的,动态的变化是永恒的。为了避免关键岗位人才离开无人接任对公司造成损失,原则上每个关键岗位的背后都应该至少有一个人具备能够马上接替这个岗位的能力。

10.1.3 人才保留：优质人才请别走

现在的员工离职，真是难以预测，而且越来越难控制。

人才离职对公司来说成本确实很高，公司要注意做好**人才保留**。

公司的员工离职率降下来以后，就代表人才保留成功了吗？

不一定。员工离职率低不代表人才保留成功，还要看离职员工的质量。

离职员工的质量？指的是离职的员工是高质量还是低质量员工吗？

是的，如果高质量的员工离职，对公司来说确实是比较大的损失，但如果是低质量的员工离职，对公司来说损失很小。

明白了，那些低质量的员工离职，说不定对公司来说反而更有利。

是的，人才保留的关键并不是过分追求低离职率。

问题拆解

员工离职率低，只能代表它本身的含义，也就是员工离职的人数比较少而已，并不能代表人才保留工作做得成功。离职人数较多但离职的都是低质量员工的情况，要好过离职人数较少但离职的都是高质量员工的情况。

工具介绍

人才保留

员工离职除了会给公司带来直接的经济损失，还存在许多潜在的风险，因此公司要做好人才保留工作。所谓人才保留，就是让员工愿意留在公司，和公司一起发展和成长，持续为公司创造价值。不论是宏观还是微观的员工激励，人才保留都是基础。如果没有人才，何谈激励？

人才保留的策略

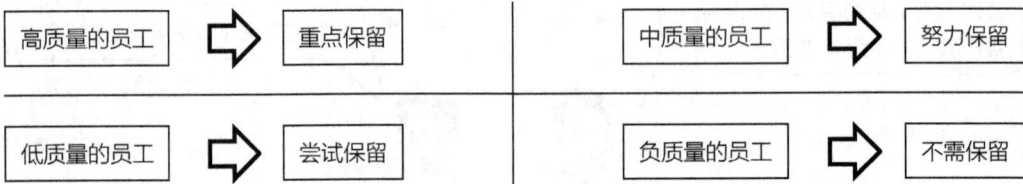

高质量的员工	⇨	重点保留	中质量的员工	⇨	努力保留
低质量的员工	⇨	尝试保留	负质量的员工	⇨	不需保留

员工离职带来的 4 大风险

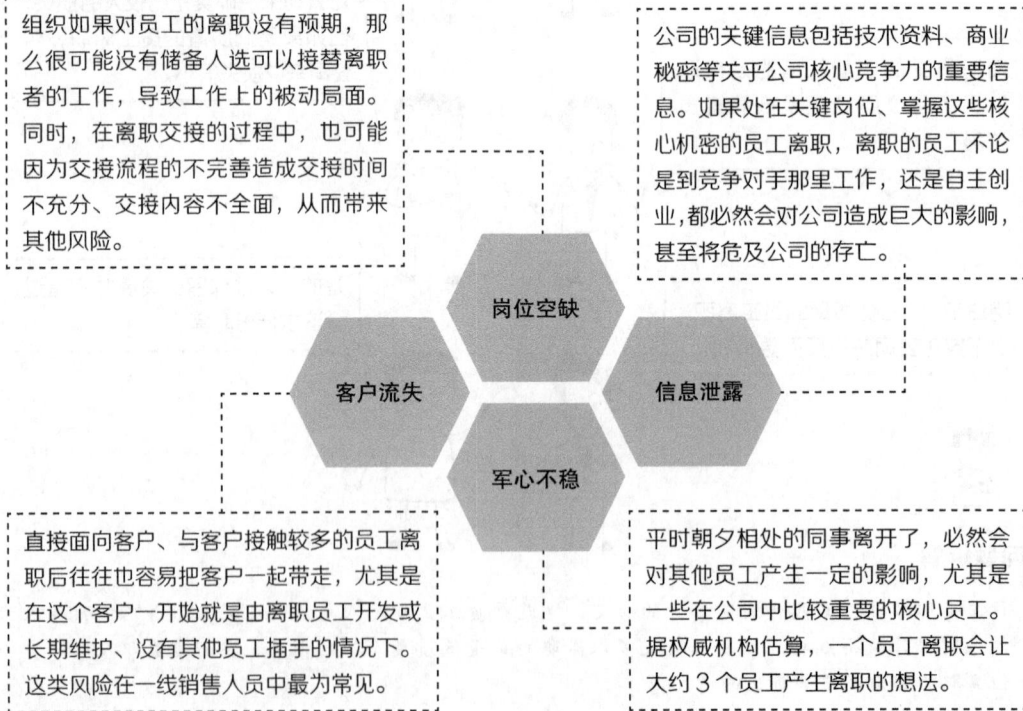

组织如果对员工的离职没有预期，那么很可能没有储备人选可以接替离职者的工作，导致工作上的被动局面。同时，在离职交接的过程中，也可能因为交接流程的不完善造成交接时间不充分、交接内容不全面，从而带来其他风险。

公司的关键信息包括技术资料、商业秘密等关乎公司核心竞争力的重要信息。如果处在关键岗位、掌握这些核心机密的员工离职，离职的员工不论是到竞争对手那里工作，还是自主创业，都必然会对公司造成巨大的影响，甚至将危及公司的存亡。

岗位空缺

客户流失

信息泄露

军心不稳

直接面向客户、与客户接触较多的员工离职后往往也容易把客户一起带走，尤其是在这个客户一开始就是由离职员工开发或长期维护、没有其他员工插手的情况下。这类风险在一线销售人员中最为常见。

平时朝夕相处的同事离开了，必然会对其他员工产生一定的影响，尤其是一些在公司中比较重要的核心员工。据权威机构估算，一个员工离职会让大约 3 个员工产生离职的想法。

保留员工的 4 个方面

面试时,如果候选人曾经的工作换得比较频繁,每份工作的平均时间不超过 3 年,工作过的公司数量较多,说换工作的理由含糊其词,说明其稳定性较差,公司在选择时需谨慎考虑。

具有市场竞争力的薪酬福利体系是留住员工的有效手段之一。薪酬和福利应采取多样化的方式,不应仅包括工资和奖金金额的提高,公司还应在薪酬福利的多样性、长远性、独特性上下功夫。

招聘
环节

薪酬
福利

职业
发展

文化
情感

如果公司能够为员工提供良好的学习和培训机会,提供一条畅通、清晰的职业发展通道,那么虽然目前公司在该岗位上的薪酬没有市场竞争力,但是未来的预期收益是明显的。职业的发展和能力的提升意味着员工将收获自身价值提高的满足感,会有许多员工为了得到更好的发展选择留在公司。

比制度更能影响员工的是公司文化,公司文化是员工扎根的土壤。
优秀的公司文化天然具有吸引和留住员工的作用,能够让员工在这片土壤中茁壮成长;而不好的公司文化,就像一股无形的力量把员工往外推。

小贴士

判断人才保留是否成功的关键,除了判断离职人才的质量外,还包括在职人才的质量。低离职率不代表人才保留成功,离职人才的质量低也不代表人才保留成功,只有在职人才的质量不断提高,才代表人才保留成功。每个公司都希望留住人才,而不是只留住一群庸才。

10.2 财务资源

　　财务资源，指的是公司拥有的资金、资产、资本等财务
类资源。财务资源同样是员工激励的基础，虽然不是员工激
励的唯一方式，但明显有助于实现员工激励。宏观上有足够
的财务资源，微观上的员工激励才能够实现。

10.2.1 财务预算：钱要用在刀刃上

我一和员工谈激励，员工就和我谈钱。现在的人怎么都那么俗？

钱虽然不是特别有效的员工激励手段，但员工基本的财务保障还是要有的。你总不能"既想让马儿跑，又想让马儿不吃草"吧。

可是公司处处要用到钱，哪有那么多钱？

所以要把钱用到刀刃上，而不是一味节省、避而不谈。

我也知道该花钱的地方还是得花，可什么地方该花钱、什么地方不该花钱，这个不好判断呀。

那就先做规划，通过规划制定**财务预算**，用预算来指导行动。

我公司也有做财务预算，可基本就是个摆设，没人按照财务预算做事。

看来你们没有养成习惯，没有形成财务预算的严肃性。

问题拆解

想有效省钱，先要学会如何用钱。财务资源是员工激励的基础，一味节省财务资源，员工激励可能会失去基础。有限的财务资源应当偏重公司的重点领域，保证重点领域员工激励的基础。财务预算正是提前规划应用财务资源的重要工作。因为很多公司不是按照财务预算管理的逻辑来编制、应用和管控财务预算，所以他们的财务预算形同虚设。

工具介绍

财务预算管理

财务预算管理是运用财务资源的基础,是对财务资源统筹规划、应用分析和推广实施的过程。在明确战略目标之后,公司为了实现目标,就需要对财务资源实施分配。在分配财务资源时,公司要考虑对重点项目中重点人才的激励导向。公司重点激励的人才,应当在财务资源上有所体现。

财务预算编制 6 步骤

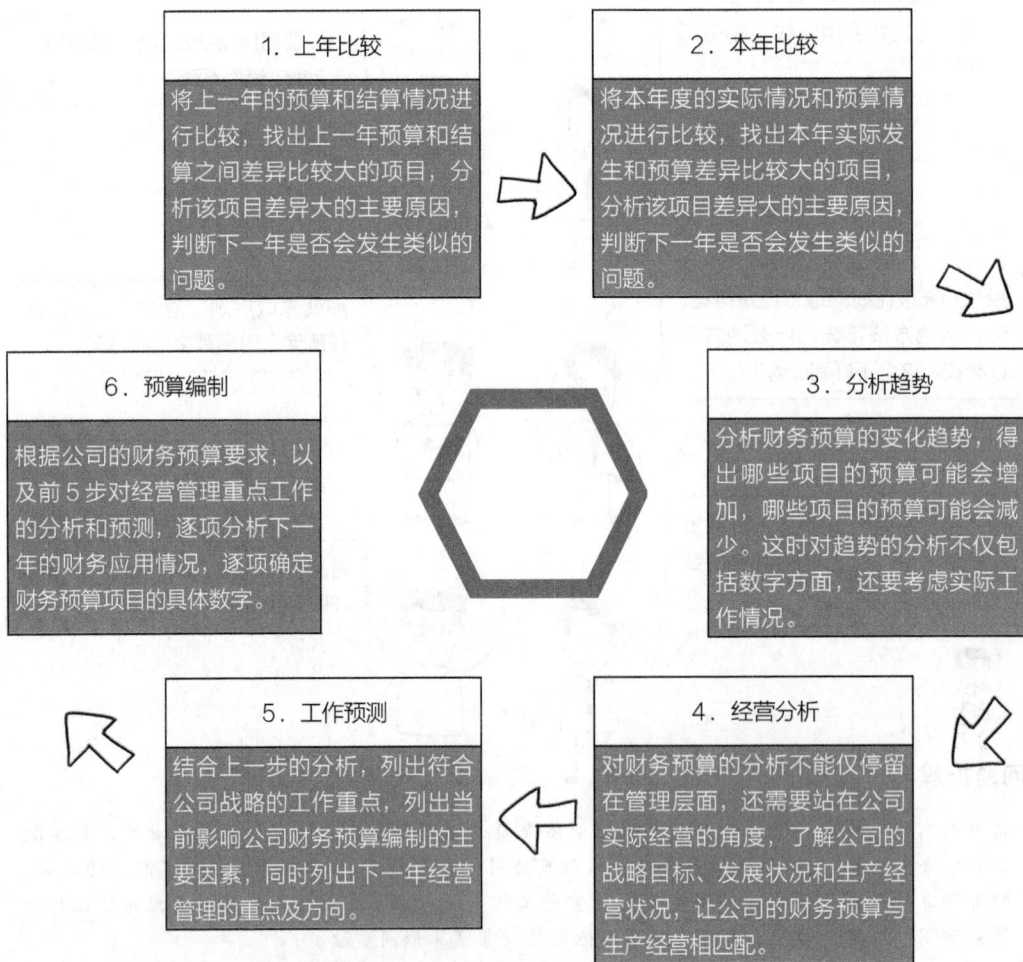

1. 上年比较

将上一年的预算和结算情况进行比较,找出上一年预算和结算之间差异比较大的项目,分析该项目差异大的主要原因,判断下一年是否会发生类似的问题。

2. 本年比较

将本年度的实际情况和预算情况进行比较,找出本年实际发生和预算差异比较大的项目,分析该项目差异大的主要原因,判断下一年是否会发生类似的问题。

6. 预算编制

根据公司的财务预算要求,以及前5步对经营管理重点工作的分析和预测,逐项分析下一年的财务应用情况,逐项确定财务预算项目的具体数字。

3. 分析趋势

分析财务预算的变化趋势,得出哪些项目的预算可能会增加,哪些项目的预算可能会减少。这时对趋势的分析不仅包括数字方面,还要考虑实际工作情况。

5. 工作预测

结合上一步的分析,列出符合公司战略的工作重点,列出当前影响公司财务预算编制的主要因素,同时列出下一年经营管理的重点及方向。

4. 经营分析

对财务预算的分析不能仅停留在管理层面,还需要站在公司实际经营的角度,了解公司的战略目标、发展状况和生产经营状况,让公司的财务预算与生产经营相匹配。

财务预算执行情况评估表

预算项目	预算额	实际发生额	差异额	累计预算额	累计实际发生额	累计差异额

财务预算管控的 5 个注意事项

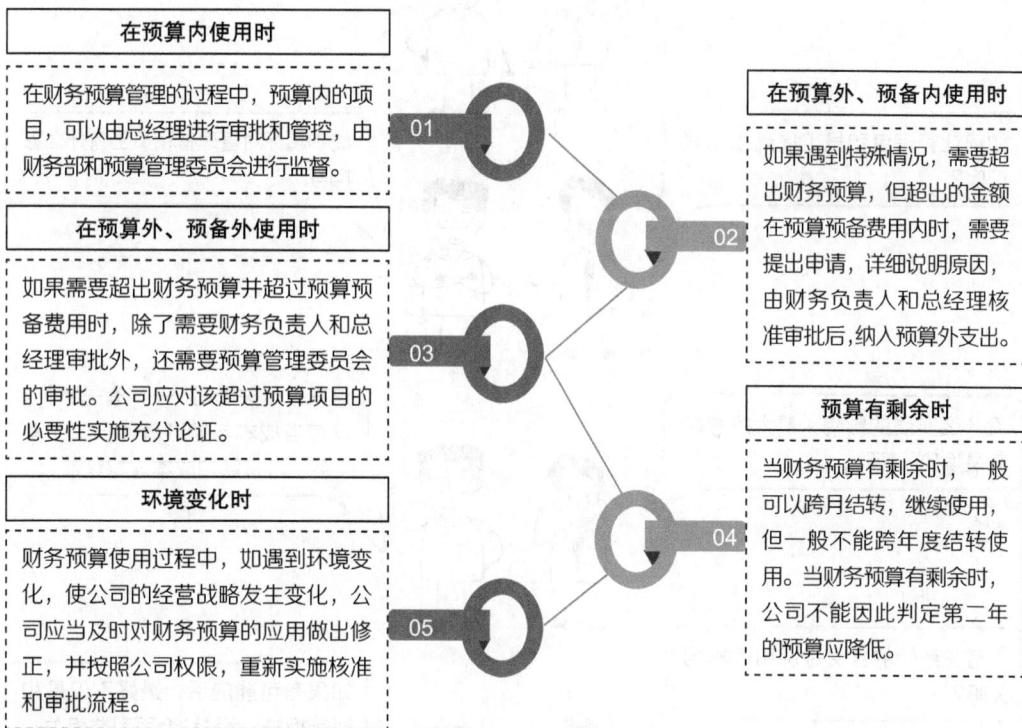

在预算内使用时

01 在财务预算管理的过程中，预算内的项目，可以由总经理进行审批和管控，由财务部和预算管理委员会进行监督。

在预算外、预备内使用时

02 如果遇到特殊情况，需要超出财务预算，但超出的金额在预算预备费用内时，需要提出申请，详细说明原因，由财务负责人和总经理核准审批后，纳入预算外支出。

在预算外、预备外使用时

03 如果需要超出财务预算并超过预算预备费用时，除了需要财务负责人和总经理审批外，还需要预算管理委员会的审批。公司应对该超过预算项目的必要性实施充分论证。

预算有剩余时

04 当财务预算有剩余时，一般可以跨月结转，继续使用，但一般不能跨年度结转使用。当财务预算有剩余时，公司不能因此判定第二年的预算应降低。

环境变化时

05 财务预算使用过程中，如遇到环境变化，使公司的经营战略发生变化，公司应当及时对财务预算的应用做出修正，并按照公司权限，重新实施核准和审批流程。

小贴士

公司在编制财务预算时，要尽可能考虑到会发生变化的各项因素，在财务预算数字上留有余量，设置预算预备费用，以备发生预算外的支出。预算预备费用的具体数字可以参考前 3 年财务预算和结算之间的数字差异来确定。在执行财务预算以前，公司应具备相应的管理制度和对预算责任人的奖惩制度。

10.2.2 管控成本：与每个人有关系

我公司之前做好了预算，可成本总是会超出很多。

这主要是在**管控成本**方面出了问题。管理者和员工的成本意识差，占用过多的财务资源。

如何让管理者和员工提高成本意识呢？

成本超标对管理者和员工有什么影响吗？

没什么实质的影响，最大的影响就是挨我一顿骂。

这里有个关键词——"有关系"。只有当成本与管理者和员工"有关系"时，管控成本才能有效。

"有关系"的含义是说和薪酬相关吗？

如果有可能的话，最好不仅是和薪酬相关，而是和**全面利益相关**。

问题拆解

不要期望任何人重视与其无关的事，与员工有直接利益关系的事才会被员工重视。在编制预算之后，要想有效管控成本，公司首先要让成本与所有员工有直接的利益相关性。成本与员工的利益相关性越大，管控成本的效果越好。

工具介绍

管控成本

公司的财务资源是有限的，如何将有限的资源发挥出最大的作用是公司中每一个管理者都需要思考并为之努力的。管控成本正是有效运用财务资源的一项重要工作。管控成本不仅是最高管理者的责任，更是公司中每一个管理者和员工的责任。有效管控成本的关键，是充分调动公司中每一个员工的积极性。最好让成本与公司中每一个员工相关。

管控成本与员工利益的 4 大相关点

成本可以和员工日常的薪酬挂钩，也可以和员工的奖金挂钩。

金钱相关

荣誉相关

管控成本较优秀的员工可以获得某种荣誉。

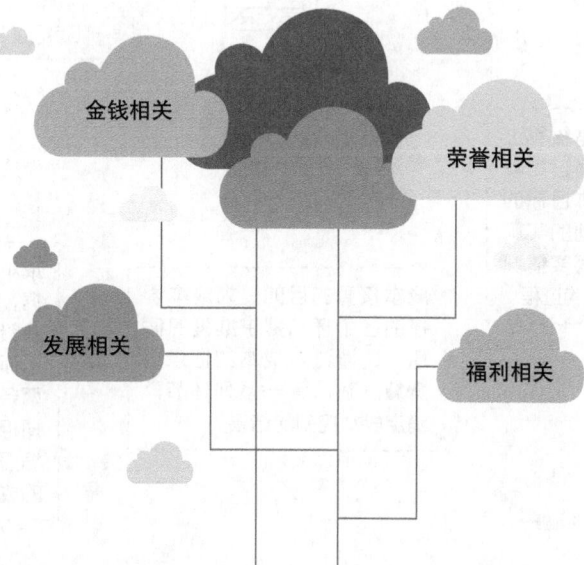

管控成本的意识和能力可以影响员工的职业发展。

发展相关

福利相关

管控成本的结果可以与员工能够获得的福利挂钩。

成本管控的 6 大步骤

成本预测是成本管控的基础，是根据公司成本统计的历史数据，结合市场调查的预算，研究公司内外部环境因素的变化对成本的影响情况，运用专业的方法，科学地估算一定时间内成本的目标或者变化趋势。

成本考核是落实成本管控责任的过程，是把成本的实际完成情况和成本承担责任情况进行对比、考核和评价的过程。

成本决策是成本管控的核心，是按照既定目标，在充分搜集成本信息的基础上，运用科学的方法，划清可控因素与不可控因素，在分析成本和比较结果的基础上，全面分析方案中的约束条件，从多种成本方案中选择最佳方案的过程。

预测

决策

考核

计划

分析

核算

成本分析是运用成本核算过程中提供的信息，通过比较和关联分析，对成本目标的完成情况、成本计划的实施情况、成本责任的落实情况做出评价并得出结论的过程。

成本核算的目的是为成本管控的各个环节提供准确的信息，是通过对成本的记录、测算、确认等一系列环节，确定成本控制的结果。

成本计划是考核的重要依据，是在成本预算和成本决策的基础上，根据"自上而下"和"自下而上"两条路径，在充分调动公司相关部门的基础上，汇编而成的、具有可操作性的成本管控计划。

小贴士

公司中除了显性成本外，还有很多隐性成本，如沟通成本、管理成本、员工低效成本、岗位空缺成本等。隐性成本同样会占用公司大量的财务资源，但却很容易被忽略。公司在管控成本时，除了要关注显性成本外，更要关注隐性成本。

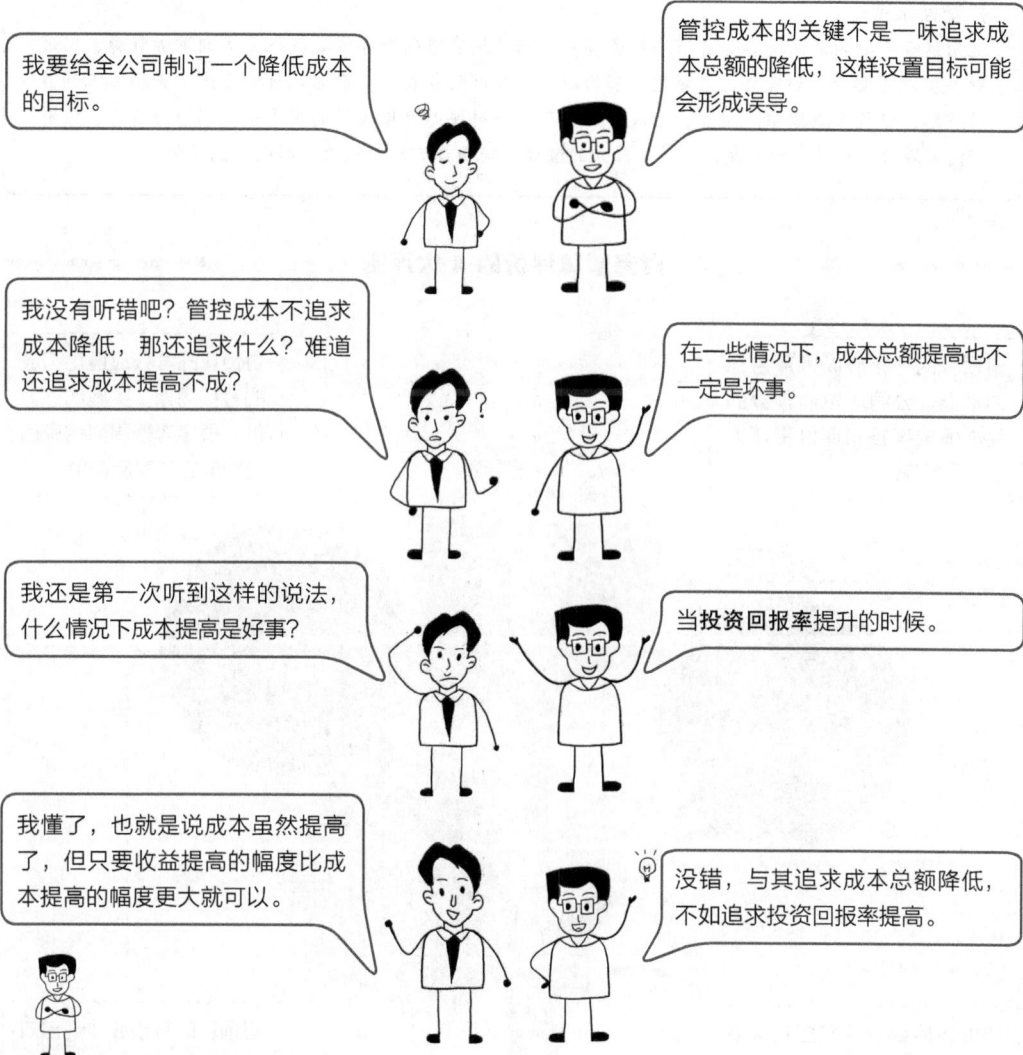

10.2.3　投资回报：经营的终极目标

我要给全公司制订一个降低成本的目标。

管控成本的关键不是一味追求成本总额的降低，这样设置目标可能会形成误导。

我没有听错吧？管控成本不追求成本降低，那还追求什么？难道还追求成本提高不成？

在一些情况下，成本总额提高也不一定是坏事。

我还是第一次听到这样的说法，什么情况下成本提高是好事？

当**投资回报率**提升的时候。

我懂了，也就是说成本虽然提高了，但只要收益提高的幅度比成本提高的幅度更大就可以。

没错，与其追求成本总额降低，不如追求投资回报率提高。

问题拆解

运用财务资源并不是一门省钱的艺术，而是一门花钱的艺术。运用财务资源的目的不是减少成本，而是提高收益；不是追求财务资源消耗量减少，而是追求在财务资源消耗之后，能够换来更多的财务资源。投资回报率才是评价财务资源应用质量的重要指标，而不是成本总额的减少量。

工具介绍

投资回报率

运用财务资源的最高境界并非节省财务资源，而是用有限的财务资源换取更多的财务资源，实现财务资源的增值。如果公司只会用节省的理念来管理财务资源，最后很可能会走上折损员工利益的道路，让员工激励难以实现，形成恶性循环；公司按照价值投资的理念来运用财务资源，才有可能实现公司和员工的双赢，给员工最大的激励，提高员工的积极性，形成良性循环。

财务预算评价的 4 大原则

对预算的考核应以预算目标为基准，公司应按照预算的完成情况考核和评价责任人的绩效情况。

对预算的考核应遵循相应的考核周期，实施动态评价。每个考核周期结束后公司应立即实施评价。

02
时效原则

03
激励原则

01
目标原则

04
例外原则

如果环境或条件发生重大变化，公司对预算的考核也应灵活变化，特殊时期、特殊情况，可以采取特殊处理。

对预算的考核应体现出对责任人的激励性。当责任人完成情况较好时，要有相应的激励措施；当责任人完成情况较差时，要有相应的惩罚措施。

案例：运用投资回报率提高员工激励效果

某公司有 200 名员工，每年销售收入 2 亿元，当前的人力成本总额是 5 000 万元。

5 000 万元人力成本　　　　　　　2 亿元销售收入

6 000 万元人力成本　　　　　　　2.5 亿元销售收入

人力成本和销售收入之间的投资收益比率是 1：4。
如果人力成本和销售收入的投资收益比率有所提高，则代表劳动效率提升。这时虽然人力成本的总额是增加的，但公司对人力成本的管控却是成功的。员工获得的物质激励增加，能让员工获得的激励更有效。

如果保持 200 名员工总人数不变，公司的人力成本增加到 6 000 万元，公司的销售收入变为 2.5 亿元。
原来公司每年的人均劳动效率 =2（亿元）÷200（人）=0.01（亿元／人）=100（万元／人）。
现在公司每年的人均劳动效率 =2.5（亿元）÷200（人）=0.012 5（亿元／人）=125（万元／人）。

现在公司每年的人均劳动效率大于原来公司每年的人均劳动效率，虽然公司的人力成本总额增加了，但公司可以给员工更多的物质激励，员工获得激励后积极性更高，劳动效率也相应提高。

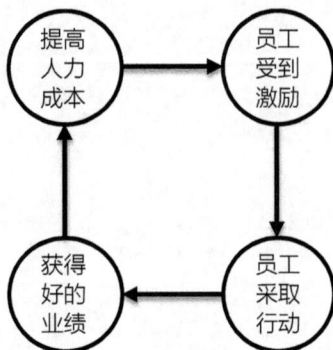

良性循环

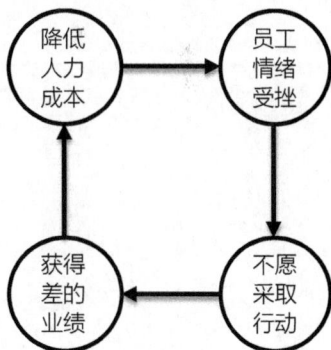

恶性循环

小贴士

管控人力成本不应简单理解为要减少人力成本的绝对值，甚至有人将其理解为要想尽一切办法减少员工收入，这是非常错误的观念。管控人力成本的"比率"是增加公司对人力资源投资收益比率的理念。按照这个理念，公司要做的不一定是减少人力成本的总额（投入），反而是增加人力成本的总额（投入），以此来增加公司的销售收入、扩大市场规模和提高利润（收益）。